Wie Sie das Engagement Ihrer Mitarbeiter gewinnen

Alan Loy McGinnis

Wie Sie das Engagement Ihrer Mitarbeiter gewinnen

Die 12 Prinzipien
einer erfolgreichen Mitarbeiterführung

paL

CIP-Kurztitelaufnahme der Deutschen Bibliothek

McGinnis, Alan Loy:
Wie Sie das Engagement Ihrer Mitarbeiter gewinnen :
d. 12 Prinzipien e. erfolgreichen Mitarbeiterführung /
Alan Loy McGinnis. [Übers. aus d. Amerikan. von
Rolf Merkle]. - Mannheim : PAL, 1988.
    Einheitssacht.: How to bring out the best in
    people ‹dt.›
    ISBN 3-923614-26-8

Originally published in English as
Bringing out the best in people
by Alan Loy McGinnis
copyright © 1985 Augsburg Publishing House
Mpls., MN USA

© der deutschen Ausgabe 1988
by PAL Verlagsgesellschaft, Mannheim
Alle Rechte vorbehalten
Herstellung: C. Bockfeld
Grafische Gestaltung: Stefanie Maag
ISBN 3-923614-26-8

Inhalt

Danksagung

Danken möchte ich all denen, die Seiten dieses Buches gelesen und wertvolle Anregungen gegeben haben: Dale und Marlene Benecke, David Bower, Bill Carruth, Rev. Edward Danks, Dr. Dennis Denning, Thomas Edwards, Pat und Jane Henry, Don und Cherry Henricks, Robert Hughes, Dr. Taz Kinney, Tricia Kinney, Richard Laskin, David Leek, Alan Mc-Ginnis Junior, Kent und Sherie Newell, Dr. Walter Ray, George Rybak, Theodore Saenger, Mike Scroggie, Nancy Smith, Mary Alice Spangler, Dr. Robert Swinney, Sandra Swinney und Wendell Will.

Besonders möchte ich meinem lieben Freund Mike Somdal danken, der ein gutes Sprachgefühl besitzt und Unsinn sofort erkennt. Folgende Personen waren eine große Hilfe bei meinen Nachforschungen: Mary Ellen Draper, Nury Godoy, Rena Inman, Sherry Kirtley und Lisa Wood.

Vor allem aber möchte ich Diane danken. Ein Schriftsteller zu sein macht Spaß, aber ich habe noch niemanden kennengelernt, der behauptete, es sei schön, mit einem solchen verheiratet zu sein. Irgendwie versteht es Diane, diese Rolle mit Würde und Gleichmut zu spielen.

Die Fälle aus meiner Praxis sind genügend durcheinandergewürfelt, so daß Klienten sich nicht wiedererkennen werden. Die Topographie ihrer Lebensläufe ist jedoch genauestens wiedergegeben.

Widmung

Dieses Buch soll Menschen lehren, erfolgreich zu sein. Es ist einem Mann gewidmet, der es nicht zu lesen braucht: William B. Carruth.

Als Carruth an einem schwülen Tag im September 1949 in der Friendswood Schule ankam, mußte er beim Anblick der bunt zusammengewürfelten Kindergruppe, die er da vorfand, etwas verdutzt gewesen sein. Es gab nur ein einziges Haus für alle zwölf Klassen, die Bücherei bestand aus weniger als 200 Bänden und es gab so wenige Schüler, daß ein neuer Lehrer viele Fächer abdecken mußte: Geschichte, Geographie, Sozialkunde und Englisch.

Carruth war einer von vielen Männern, die in großer Eile aus dem Krieg heimgekehrt waren, um die verlorene Zeit wettzumachen. Er wußte genau, was er sein wollte – Lehrer. Das hieß für ihn, ins College zurückzukehren, und es bedeutete auch, daß er erst im Alter von 33 Jahren vor seiner ersten Schulklasse stehen würde. Er machte sich keine Illusionen, hoffe ich, daß er jemals durch seine Arbeit in den kleinen texanischen Städten viel Geld verdienen würde. Als er aber an diesem Tage vor uns trat, konnten wir mit Bestimmtheit sagen, daß er es nicht erwarten konnte, die Ärmel hochzukrempeln und anzufangen. Seine Augen funkelten jedoch auch boshaft, so daß es schwer war, ihn richtig einzuschätzen. Vielleicht machte dies einen Teil seiner Anziehungskraft aus – seine Vergangenheit und seine Persönlichkeit hatten immer etwas Geheimnisvolles, das uns wachsam sein ließ. Vielleicht lag es an der Energie und der Begeisterung, mit denen er lehrte. Oder vielleicht lag es an der Art, wie er sich nach dem Unterricht in seinem Stuhl zurücklehnte, seine Arme hinter dem Kopf verschränkte und sich immer wieder die Träume und Ängste von einem kleinen Haufen Bauernkinder anhörte. Auf jeden Fall war ich nach dem ersten Monat völlig fasziniert von ihm und wäre ihm überallhin gefolgt. Das war vor 35 Jahren, aber ich erinnere mich noch an viele dieser Unterhaltungen – wo wir standen, was er sagte, wie ich mich fühlte.

Carruth lehrt schon lange nicht mehr und lebt heute als Rentner in Houston. Ich hoffe, er wird etwas aufgemuntert durch die Erinnerung daran, daß er die besten Jahre seines Lebens in ein paar Kinder investiert hat.

12 Regeln, die Ihnen helfen, das Engagement Ihrer Mitarbeiter zu gewinnen.

1.
Erwarten Sie nur das Beste von Ihren Mitarbeitern.

2.
Studieren Sie sorgfältig die Bedürfnisse Ihrer Mitarbeiter.

3.
Setzen Sie die Maßstäbe für Spitzenleistungen hoch an.

4.
Schaffen Sie eine Atmosphäre, in der es nicht tragisch ist, zu versagen.

5.
Unterstützen Sie Ihre Mitarbeiter, wenn diese die von Ihnen gewünschte Richtung einschlagen.

6.
Führen Sie Vorbilder an, um zum Erfolg zu motivieren.

7.
Beachten und belohnen Sie Erfolge.

8.
Benutzen Sie eine Mischung aus positiver und negativer Verstärkung.

9.
Appellieren Sie nur in Maßen an das Wettbewerbsdenken.

10.
Legen Sie großen Wert auf Zusammenarbeit.

11.
Erlauben Sie der Gruppe auch heftige Auseinandersetzungen.

12.
Sorgen Sie dafür, daß Ihre eigene Motivation hoch bleibt.

Vorwort

Nach der Veröffentlichung meines ersten Buches »Freunde gewinnen« bekam ich einige ungewöhnliche Anfragen. Firmenchefs riefen mich an und sagten: „Wir haben Schwierigkeiten, unsere Angestellten zu motivieren, besonders die jüngeren. Deshalb sollten Sie zu uns kommen und zu unseren Führungskräften sprechen". Zuerst schien es für einen Familientherapeuten wie mich, der so gut wie nichts vom Geschäftsleben wußte, etwas vermessen, diesen Managern erklären zu wollen, wie sie ihre Firmen leiten sollten. Da sich aber der größte Teil meiner Forschung und meiner schriftstellerischen Tätigkeit damit beschäftigt, wie Menschen besser miteinander auskommen können, begann ich nach Wegen zu suchen, wie Geschäftsleute diese Prinzipien anwenden können.

Die kognitiven Psychologen hatten einige gute Erkenntnisse in der Motivations-Psychologie gewonnen, aber ich war mir sicher, daß ich die besten Hinweise, wie man Menschen für etwas begeistern kann, in der Geschichte finden konnte. Deshalb durchforschte ich Biographien bis zurück zu Alexander dem Großen, um herauszufinden, wie erfolgreiche Führungspersönlichkeiten andere zu großen Leistungen anspornten. Meine Nachforschungen ergaben, daß es nur etwa ein Dutzend Motivationsprinzipien gibt und daß erfolgreiche Menschen diese schon lange bevor die Psychologie einen Namen dafür erfunden hatte, benutzten.

So entstand das Seminar »Wie Sie Ihre Mitarbeiter dazu motivieren, ihr Bestes zu geben«, das bald sehr beliebt war. Zuerst hielt ich diese Vorlesungen vor Spitzenmanagern von Unternehmen wie z.B. IBM. Je länger ich aber mit diesen Führungskräften arbeitete, desto mehr erkannte ich, daß in unserer hochtechnisierten Welt ein großer Bedarf an Managern besteht, die mit Menschen umgehen können, die wissen, wie man Spannungen im Büro abbaut und Mitarbeiter zu Höchstleistungen anspornt.

Schließlich zeigte sich noch ein weiterer Anwendungsbereich. Wir fanden heraus, daß die meisten von uns zu Hause die gleichen Motivationstechniken einsetzen wie im Büro und daß Mütter mehr als jeder andere daran interessiert waren. Ich entdeckte, daß im Grunde jeder Mensch in der einen oder anderen Situation andere motiviert – wenn wir einen Freund zum Abnehmen bewegen, wenn wir aufmunternde Worte zu unseren Kindern sagen oder jemanden anfeuern – dann motivieren wir jemanden. Entweder machen wir das gut oder schlecht.

Dieses Buch soll Ihnen Prinzipien an die Hand geben, die es Ihnen ermöglichen, Ihre Sache gut zu machen. Ich bin sicher, Sie werden in erstaunlich kurzer Zeit Erfolg haben, wenn Sie diese Prinzipien im täglichen Umgang mit anderen einsetzen. Und was noch viel wichtiger ist: Die Menschen um Sie herum werden Ihnen sehr dankbar sein. Um mit Emerson zu sprechen: ,,Unser größter Wunsch ist es, jemanden zu haben, der uns anspornt, der zu sein, der wir sein *könnten*".

1
Die Psychologie der Motivierung

*„Die mächtigste Waffe auf Erden ist die
entflammte Seele des Menschen".*

Ferdinand Foch

Haben Sie sich schon einmal gefragt, wie bestimmte
Menschen andere dazu bewegen, ihr Bestes zu geben? Sie wissen
anscheinend, wie sie diejenigen, die sie führen, zu einer
besonderen Leistung anspornen können. Wir alle kennen sie –
einige sind Lehrer oder Firmenchefs, andere leiten eine
Baseballmannschaft oder sind Mütter. Häufig sehen sie weder gut
aus, noch sind sie außergewöhnlich intelligent, aber sie scheinen
den Dreh herauszuhaben, wie man Menschen begeistert. Und
diese bemerkenswerte Beherrschung der Kunst des Motivierens
macht sie in fast allem, was sie tun, überaus erfolgreich.

Auf der anderen Seite gibt es Menschen, die uns anscheinend
dazu bringen, unser Schlechtestes zu geben. Wenn wir mit
bestimmten Menschen zusammen sind, dann fühlen wir uns
unbeholfen und ungeschickt. Wir reagieren auf eine so negative
Art und Weise, daß wir später nur den Kopf schütteln können. Ihre
aufmunternden Worte enden in einer Vorlesung, und obwohl sie
uns begeistern möchten, schüchtern sie uns in Wirklichkeit nur ein.

Die Quellen der Inspiration

Meine Arbeit als Psychotherapeut bietet mir die Möglichkeit,
den Einfluß, den wir auf einander ausüben, zu beobachten und

über die Quellen der Inspiration nachzudenken. Wenn ich Menschen traf, die sehr viel erreicht hatten, fragte ich oft: ,,Was hat Sie motiviert? Wer hat Sie zuerst auf den richtigen Weg gebracht und wie hat diese Person das getan?'' Beim Sammeln dieser Informationen und bei der Lektüre von Biographien großer Führungspersönlichkeiten erkannte ich, daß sowohl im Geschäftsleben, als auch in der Politik und in der Familie − ja, bei jedem Wagnis − die Motivierung auf wenigen, sehr mächtigen Prinzipien beruht. Es zeigt sich, daß ein Trainer wie Bear Bryant, ein Geschäftsmann wie Lee Iacocca und eine religiöse Führerin wie Mutter Theresa oft dieselben Strategien benutzen, um ihre Leute zu begeistern, und daß ihre Gruppen auch auf sehr ähnliche, vorhersagbare Weise reagieren. In den folgenden Kapiteln werden wir uns die Lebensgeschichten von Dutzenden von erfolgreichen Führungspersönlichkeiten und ihre Methoden anschauen, die sie benutzt haben, um gewöhnliche Menschen zu außergewöhnlichen Leistungen zu motivieren. Ich kann Ihnen hoffentlich zeigen, wie Sie diese Methoden in Ihren alltäglichen Beziehungen anwenden können.

Die 12 Prinzipien, die dieses Buch enthält, sind sehr einfach. Jeder, dem etwas daran liegt, andere anzuspornen, kann sie beherrschen. Ich will damit nicht behaupten, daß diese Fähigkeiten leicht zu erlernen sind, denn es kann sehr schwer sein, unser Verhalten gegenüber anderen Menschen zu verändern. Das Meistern der Kunst, andere zu motivieren, erfordert harte Arbeit. Aber bei genügendem Durchhaltevermögen kann jeder auf diesem Gebiet ein Experte werden. Menschen, die fähig sind, andere zu motivieren, werden nicht geboren − sie werden gemacht! Und sie sind es fast nur aus eigener Kraft geworden.

Die Macht des Motivierenden

Wir müssen uns zuerst einem weit verbreiteten Irrglauben zuwenden. Dieser besagt, daß niemand einen anderen motivieren kann, daß vielmehr jegliche Motivation aus dem Innern kommen muß. Denken Sie jedoch einmal an die Zeiten zurück, als Sie

Höchstleistungen erbrachten. Kam das nicht zum großen Teil durch den Einfluß eines Menschen, der Sie begeisterte? Vielleicht war es ein Lehrer, der wußte, wie er Sie zu einer besonderen Leistung anspornen konnte, und der Sie derart für ein Projekt begeisterte, daß Sie fast die ganze Nacht aufblieben, um zu lesen. Oder es war ein Chef, der die Arbeit zum Vergnügen machen konnte und genau wußte, wie man ein Team zusammenstellte, in dem jeder einzelne über sich selbst hinauswuchs. Wellington soll gesagt haben, daß allein Napoleons Erscheinen auf dem Schlachtfeld bewirkt habe, als kämpfe man gegen weitere 40 000 Mann. Tatsache ist, daß wir durch die richtige Führungspersönlichkeit *außerordentlich* motiviert werden können.

Als Hitler im Juni 1940 Frankreich eroberte, schien es, als gingen zum zweiten Mal innerhalb von 25 Jahren in ganz Europa die Lichter aus. Deutschland begann sofort mit den Vorbereitungen für die Invasion auf den Britischen Inseln, und die Chancen für einen erfolgreichen Widerstand standen sehr schlecht. Die UDSSR schaute nur zu, die USA waren noch längst nicht bereit, in den Krieg einzugreifen, und die meisten Militärexperten sagten voraus, daß England — schlecht bewaffnet und schlecht vorbereitet — innerhalb weniger Wochen einer Invasion zum Opfer fallen würde. Die Experten übersahen dabei aber einen 65-jährigen Politiker, der nach einer wechselhaften und nicht immer befriedigenden Karriere voller Fehlschläge, endlich am 10. Mai zum Premierminister ernannt wurde. Die letzten sieben Monate des Jahres 1940 waren ein Wendepunkt in der modernen Geschichte. England — und vielleicht die gesamte westliche Welt — verdankt seine Existenz der Fähigkeit Winston Churchills, der während dieser Monate einer niedergeschlagenen und verängstigten Nation Hoffnung gab.

Wenn man die motivierende Kraft dieses Mannes verstehen will, braucht man sich nur die Familien in England vorzustellen, wie sie sich in ihren Wohnzimmern versammelten und Churchill zuhörten, als er durch den Äther schmetterte: „Die Schlacht um Frankreich ist geschlagen. Alles spricht dafür, daß die Schlacht um England bald beginnt. Von dieser Schlacht hängt das Überleben der christlichen Zivilisation ab. Die gesamte Wut und Macht des

14

Feindes wird sich sehr bald gegen uns wenden. Hitler weiß, daß er uns auf dieser Insel besiegen muß, oder er wird den Krieg verlieren . . .

Rüsten wir uns daher zur Erfüllung unserer Pflicht; handeln wir so, daß die Menschen, wenn das Britische Reich und seine Völkergemeinschaft noch tausend Jahre bestehen, immer noch sagen würden:»Das war ihre größte Stunde«".

Die meisten von uns würden im Rückblick auf Englands heldenhaften Widerstand gegen Hitler zustimmen, daß es tatsächlich Englands größte Stunde *war*. Aber das britische Volk hätte nie diesen Heldenmut gezeigt, hätte Churchill es nicht wachgerüttelt.

Der Wunsch nach Inspiration

Die Geschichte zeigt, daß fast überall ein Vakuum existiert, das darauf wartet, von einer Person gefüllt zu werden, die Träume wachrufen und die menschliche Energien für Höchstleistungen mobilisieren kann.

Einige Führungskräfte glauben, daß der Mensch seinem Wesen nach faul ist und nicht angespornt werden möchte. Diese Ansicht hört man aus dem Munde von Verkaufsleitern, wenn sie sich darüber beklagen, daß scheinbar nichts ihre Verkäufer anspornen kann, oder aus den Klagen eines Lehrers, der behauptet: „Hans ist einfach nicht motiviert!"

„Aber so etwas wie eine unmotivierte Person gibt es nicht", sagt R. J. Wlodkowski, Professor für Erziehung an der Universität von Wisconsin. „Es ist korrekter zu sagen: »Hans ist nicht motiviert, mit mir zu lernen«". Hans springt nämlich morgens um 3 Uhr aus dem Bett, um fischen zu gehen, und zeigt dabei sehr viel Motivation. Beobachtet man, wie Fabrikarbeiter nach ihrer Schicht in rasender Fahrt den Firmenparkplatz verlassen, dann verwirft man schnell die Idee, sie seien von Natur aus faul. Sie eilen zu ihren Abendaktivitäten, von denen manche wahrscheinlich anstrengender sind als alles, was sie in der Fabrik getan haben.

15

Die Herausforderung für eine Führungskraft besteht demnach nicht darin, faule Menschen in fleißige zu verwandeln. Sie besteht vielmehr darin, bereits vorhandene Energien auf lohnenswerte Projekte zu lenken. Die Menschen sind nicht gern träge oder gelangweilt. Sie begrüßen es, wenn ein Manager ihnen zeigt, daß Arbeit Spaß macht – oder wenn ein Lehrer ihnen Freude am Lernen vermittelt, so daß der Schultag schnell vorüber geht.

Wie eine Mutter ihre Kinder anspornte

Die »Lazy B Ranch« besteht aus 260 Quadratmeilen Gestrüpp an der Grenze von Arizona zu New Mexico und ist seit 1881 im Besitz der Familie Day. Zur Entbindung ihres ersten Kindes reisten Harry und Ada Mae Day 200 Meilen nach El Paso. Ihr Baby Sandra erwartete zuhause ein schweres Leben. Das Lehmhaus mit seinen vier Räumen hatte weder fließendes Wasser noch Elektrizität. Es gab keine Schule in erreichbarer Entfernung. Man hätte nun annehmen können, daß Sandras intellektuelle Zukunft durch diese begrenzten Mittel sehr bescheiden ausfallen würde.

Aber Harry und Ada Mae waren Träumer, die sich durch ihre Lebensbedingungen nicht einschränken ließen. Harry war durch den Tod seines Vaters gezwungen worden, die Ranch zu übernehmen, statt die Stanford Universität zu besuchen. Er hatte jedoch nie die Hoffnung aufgegeben, daß seine Tochter eines Tages dort studieren würde. Und Ada Mae abonnierte weiterhin große Tageszeitungen und Zeitschriften wie »Vogue« und »The Yorker«. Als Sandra vier Jahre alt war, begann ihre Mutter mit ihr nach der Calvert Methode (Lernen zu Hause) zu lernen und war später darauf bedacht, daß sie die besten Internate besuchte. Sandras Bruder Alan erzählte, daß ihre Eltern sie eines Sommers ins Auto packten und das Kapitol aller Staaten westlich des Mississippis besuchten. „Wir stiegen auf die Kuppel jedes hohen Gebäudes, bis wir schließlich nach Hause mußten", sagte er.

16

Sandra ging tatsächlich nach Stanford, studierte dann Jura und wurde schließlich die erste weibliche Richterin am Bundesgerichtshof der USA. Am Tage ihrer Vereidigung war natürlich die Familie Day anwesend. Während der Feier beobachtete Alan sie genau, als sie die Robe überzog und dann zu ihrem Platz inmitten der Richter ging. „Sie sah sich um, sah die Familie und blickte uns geradewegs in die Augen", sagte Alan. „In diesem Moment begannen die Tränen zu fließen".

Woran liegt es, daß eine Frau wie Sandra Day O'Connor es so weit gebracht hat? Natürlich braucht man Intelligenz. Und einen starken Willen. Aber ganz wesentlich ist es das Verdienst einer entschlossenen, kleinen Ranchersfrau, die nachts in ihrem Lehmhaus saß und ihren Kindern Stunde um Stunde vorlas – und das der Eltern, die mit ihren Kindern im Schlepptau, mühsam hinaus zur Kuppel der Regierungsgebäude stiegen.

Motivierung bedeutet nicht Manipulation

Ehe wir fortfahren, möchte ich deutlich betonen, daß unser Thema nichts mit Manipulation zu tun hat. Im letzten Jahrzehnt erschienen zahllose Bücher, die uns weismachten, wer Erfolg haben wolle, der müsse anderen Angst einjagen und auf seinen Untergebenen herumtrampeln. Sie haben Ihr Geld verschwendet und sollten dieses Buch schleunigst wieder zu Ihrem Buchhändler zurückbringen, wenn Sie darin nach Techniken Ausschau halten, mit denen Sie Menschen dazu bewegen können, das zu tun, was Sie von ihnen verlangen. Dies ist ein Buch über *Motivierung*, nicht über Manipulation. Es gibt einen Unterschied: Sie manipulieren, wenn Sie Menschen überreden wollen, etwas zu tun, das nicht in deren, sondern in Ihrem Interesse liegt. Sie motivieren, wenn Sie Ziele finden, die dem Wohle beider Seiten dienen, und wenn sie sich dann zu einer leistungsorientierten Partnerschaft mit hoher Moral zusammentun, um diese Ziele zu erreichen.

Warum jeder Geschäftsmann ein Psychologe sein muß

Finanzieller Erfolg ist weniger abhängig von harter Arbeit und Wissen, als von der Fähigkeit, Menschen zu führen. Viele clevere Menschen machen aufgrund ihrer großen fachlichen Kenntnisse sehr schnell Karriere. Wenn sie aber auf der Stufe angelangt sind, auf der sie durch die Arbeit anderer zu Erfolg kommen müssen, dann bekommen sie Schwierigkeiten, da sie nicht die Kunst gelernt haben, ihre Arbeitskraft zu vervielfachen. Ein Betriebspsychologe sagt, daß Arbeiter zu 90 % aufgrund ihres technischen Wissens befördert werden. Die Beförderung zum Supervisor hängt zu 50 % vom Fachwissen und zu 50 % von der Fähigkeit ab, Menschen zu führen. Die Beförderung zum leitenden Angestellten hängt zu 20 % von Fachwissen und zu 80 % davon ab, wie gut der Betreffende mit Menschen umgehen kann. Es findet also eine fast völlige Umkehrung in der Rangfolge der erforderlichen Qualifikationen statt, wenn Menschen leitende Funktionen übernehmen.

Es war Goethe, der feststellte: „Das größte Genie ist nicht viel wert, wenn es vorgibt, sich ausschließlich auf seine eigenen Erkenntnisse zu stützen". Dieses Gesetz wird jedoch von einer erstaunlich großen Zahl hart arbeitender Menschen mißachtet, deren Karrieren nicht von Erfolg gekrönt waren. Sie haben versagt, Großes zu vollbringen, da sie nicht die Kunst erlernt haben, andere zu inspirieren. Jene, die vorankommen, sind manchmal nicht besonders begabt, aber ihre Mitarbeiter vollbringen ständig überdurchschnittliche Leistungen. Diese Führungspersonen arbeiten nicht unbedingt übermäßig viel, aber wenn sie arbeiten, dann nutzen sie die Zeit, um ihre Mitarbeiter zu organisieren und zu motivieren.

„Große Firmenchefs wissen mehr über menschliches Verhalten als über die Kybernetik irgendeines Spezialgebietes", sagt James Schorr, stellvertretender Aufsichtsratsvorsitzender von Holiday Inns Inc. Auf unser Thema bezogen heißt das, daß einer, der gezeigt hat, daß er andere motivieren kann, eher an die Spitze eines Unternehmens gelangt, als einer, der gezeigt hat, daß er auf seinem Fachgebiet ein Genie ist. Als Andrew Carnegie Charles

Schwab als Leiter seines weitgespannten Stahlimperiums engagierte, war Schwab der erste Mensch in der Geschichte, der als Angestellter eine Million Dollar im Jahr verdiente. Schwab wurde einmal gefragt, woran es liege, daß er 3000 Dollar am Tag verdiene. War es sein Wissen über die Stahlverarbeitung? ,,Unsinn'', schnaubte Schwab verächtlich. ,,Ich habe viele Menschen, die für mich arbeiten und wesentlich mehr über Stahl wissen als ich''. Schwab wurde vor allem wegen seiner Fähigkeit, andere Menschen zu inspirieren, solch eine enorme Summe Geldes gezahlt. ,,Ich betrachte meine Fähigkeit, Begeisterung unter meinen Männern zu entfachen, als den größten Schatz, den ich besitze'', sagte er. Jede Führungskraft, die über diese Fähigkeit verfügt, kann fast überall hingehen und nahezu jeden Preis verlangen.

Wie man eine hohe Arbeitsmoral aufbaut

Bisher haben wir die Kunst des Motivierens als eine Fähigkeit diskutiert, die zwischen einzelnen wirksam wird − d. h. als Einfluß eines Menschen auf einen anderen. Auf die meisten Menschen, mit denen wir zusammenarbeiten, wirken jedoch noch andere Einflüsse. Wenn der, der andere motivieren will, nicht lernt, diese Einflüsse zu kontrollieren, dann wird diese direkte Führung nicht wirksam sein. Ich spreche von der Macht der Peer-Gruppe.

Eine merkwürdige chemische Reaktion findet statt, wenn man drei oder mehr Menschen zu einer Familie, Klasse oder Organisation zusammenfaßt: Zwischen diesen Menschen entwickelt sich ein kompliziertes Kräftespiel. So scheinen manche Gruppen dazu zu neigen, destruktive Energien zu entwickeln. Einige verärgerte Angestellte oder einige Kritiker in einem Sportteam können, wenn sie sich unbeobachtet fühlen, sehr schnell ein starkes negatives Klima schaffen. Ist die Führungskraft nicht in der Lage, diese Einflüsse zu entschärfen, dann kann die gesamte Organisation auseinanderbrechen.

Wie kann man verhindern, daß solch negative Gefühle an Stoßkraft gewinnen? Es gibt zwei Strategien. Die erste ist ein Geheimnis, das von allen, die eine Arbeitsmoral schaffen wollen, angewandt wird: Sie lassen der Gruppe Spielraum für Konflikte. Sie geraten nicht in Panik, wenn negative Emotionen aufkommen – sie erwarten sie und sind darauf vorbereitet. Probleme mit der Arbeitsmoral gleiten diesen Führungskräften selten aus der Hand, da sie für verärgerte Studenten oder unzufriedene Angestellte Möglichkeiten zur verbalen Auseinandersetzung geschaffen haben, die diese benutzen können. In den folgenden Kapiteln werden wir uns eingehend mit der Kunst des Konfliktmanagements beschäftigen und darauf eingehen, wie man mit einem Minimum an Konflikten Gruppen zur Zusammenarbeit motivieren kann.

Wenn eine kritische Masse in einer Gruppe existiert

Menschen, die die Kunst der Motivierung beherrschen, machen noch von einem zweiten Geheimnis Gebrauch. Sie achten darauf, daß sie Menschen zu einer Gruppe zusammenfassen, die schon zu Beginn eine positive Einstellung haben. Das Prinzip ist folgendes: Begeisterung ist ansteckend, und Menschen werden motiviert, wenn sie mit anderen hochmotivierten Personen in Berührung kommen. Wenn der Optimismus eine genügend hohe Temperatur erreicht, hält sich das Feuer schließlich selbst am Leben. Die kluge Führungskraft wird deshalb sofort diejenigen Personen, die sehr leistungsmotiviert sind, mit anderen Gleichgesinnten zusammenbringen. Eine begeisterte Person kann, wie eine glühende Holzkohle, andere anstecken und so ein loderndes Feuer entfachen. Wird das Feuer sich selbst überlassen, dann wird es schließlich ausgehen.

Schauen wir uns zum Beispiel Firmenchefs oder Vorsitzende großer Freiwilligenorganisationen an. Wenn sie sich nur auf die eigene Begeisterung verlassen, um die Mitarbeiter anzufeuern, dann werden sie ständig aufgeregt durch die Organisationsabteilungen gehen. Kluge Führungskräfte benutzen jedoch bei Zusammenkünften eher gruppendynamische Methoden. Sie wissen, daß sie mit den richtigen Worten zehn Personen besser in der Gruppe als im Einzelgespräch anspornen können. Sie werden deshalb eine *Gruppe* positiv denkender Menschen bilden, die sich regelmäßig treffen und sich so gegenseitig in ihrer positiven Einstellung bestärken. Ab einem bestimmten Punkt entsteht eine kritische Masse. Wenn solche Gruppen diese kritische Masse erreichen, dann kann etwas Seltsames und Wunderbares passieren: Sie entwickeln eine Begeisterung, die viel größer ist als die Summe der Begeisterung jedes einzelnen.

Viele neuere Untersuchungen von Unternehmen wie 3M, Frito-Lay, Procter und Gamble und IBM haben die Bedeutung dieses Gruppengeistes hervorgehoben. Die Forschung zeigt, daß diese Firmen in guten wie in schlechten Zeiten erfolgreich waren, weil sie eine ihnen eigene »Kultur« innerhalb ihrer Organisation schufen. In diesen Firmen lernt der neue Mitarbeiter, daß »wir die Dinge hier auf unsere Weise anpacken«. Diese Atmosphäre, in der alle weitgehend die gleichen Ziele und Wertvorstellungen haben, führt die Mitarbeiter in die richtige Richtung, beseitigt Durcheinander und spart Zeit.

Dieser Teamgeist findet sich auch in allen erfolgreichen Familien. Bestimmte Familien scheinen eine Moral zu entwickeln, die die Kinder beflügelt, Überdurchschnittliches zu leisten. Außenstehende mögen den Fehler begehen, den Erfolg dieser Kinder deren vererbter Intelligenz zuzuschreiben. Tatsächlich hängt der Erfolg jedoch von wesentlich mehr ab als von ihrer Intelligenz. Er stellt sich durch die Energie und den Enthusiasmus ein, die durch die Familiengruppe erzeugt werden. Wie in den besten Firmen wird in diesen Familien eine gemeinsame Kultur geschaffen. Gemeinsam streben sie nach den gleichen Zielen und fördern die geistige Entwicklung jedes einzelnen.

Die Vielschichtigkeit der Inspiration

Niemand kennt all die Gründe, warum aus der einen Gruppe ein erfolgreiches Team und aus der anderen eine selbstmörderische Clique wird. Ebenso kennen wir nicht all die Gründe, weshalb manche Menschen das Verlangen haben, sich auszuzeichnen, und andere nicht. Variablen wie innerer Antrieb und physiologische Vorgänge, psychische Entwicklung, Zeit und Ort spielen eine Rolle. Dieses Buch möchte keineswegs vorgeben, daß man durch ein Wundermittel ein langsam begreifendes Kind in ein Genie oder einen leistungsschwachen Angestellten in ein Energiebündel verwandeln kann. Diese Prinzipien werden Ihnen vielmehr helfen, Menschen so zu begeistern, daß diese sich stärker engagieren, als sie es sonst je versucht hätten.

12 Jahre lang gewannen die Green Bay Packers nur jedes dritte Spiel und 1958 nur jedes zehnte – eine bedrückende Bilanz. Aber 1959 kam ein neuer Trainer – Vince Lombardi. Während Lombardis 9-jähriger Tätigkeit gewannen die Packers neun Spielsaisons lang, schlugen ihre Gegner in 3 von 4 Spielen und gewannen 5 NFL (National Football League) Meisterschaften, einschließlich der ersten beiden Super Bowls.

Wie ist ein solch phänomenaler Umschwung zu erklären? Laut Frank Gifford lag es nicht an Lombardis Wissen. Andere Trainer hatten genausoviel über Strategie und Taktik gewußt wie er. Er verstand es vielmehr, die Spieler zu motivieren. ,,Er konnte diese zusätzlichen 10% Leistung aus einem Menschen herausholen", sagt Gifford. ,,Multiplizieren Sie das mit 40 Spielern und 14 Spielen pro Saison, und Sie werden gewinnen".

In diesem Buch wollen wir uns die Erfolgsgeschichten vieler Führungspersönlichkeiten anschauen, die, wie Lombardi, wußten, wie sie die Leute um sich herum zu zusätzlicher Leistung anspornen konnten. Wenn Sie deren Prinzipien anwenden, sollten auch Sie in der Lage sein, die Leistung Ihrer Gruppe um 10% zu steigern. Und dies ist vielleicht gerade der Unterschied, der zum Sieg führt.

2
Erwarten Sie das Beste

*„Die wichtigste Lektion, die ich in einem langen
Leben gelernt habe, ist die, daß der einzige Weg,
einen Menschen vertrauenswürdig zu machen, der
ist, ihm zu vertrauen. Der sicherste Weg, ihn nicht
vertrauenswürdig zu machen, besteht darin, ihm
nicht zu vertrauen und ihm dein Mißtrauen zu
zeigen!"*

Henry L. Stimson

„Einstellungen sind wichtiger als Tatsachen!"

Karl Menninger, M. D.

Drei Monate nach ihrem Ausscheiden aus einer Direktver-
triebsorganisation, für die sie 25 Jahre gearbeitet hatte, beschloß
Mary Kay Ash, ihre eigene Firma zu gründen. Ihr Anwalt und viele
ihrer Freunde hielten sie für verrückt, als sie ihre gesamten
Ersparnisse in Höhe von 5000 Dollar in die verwegene Idee in-
vestieren wollte, eine Kosmetikfirma zu gründen. Frau Ash hielt
jedoch an ihren Überzeugungen fest, von denen sie annahm, daß
sie in der Geschäftswelt funktionieren würden.

Nach nur 20 Jahren verbuchte ihre Firma 1983 einen Umsatz
von 323,8 Millionen Dollar und während der vorangegangenen
fünf Jahre einen Reingewinn von im Schnitt über 40%. Dieses
Ergebnis gehört zu den besten in der amerikanischen Industrie.
Eine Zahl in ihrer Firmenbilanz ist absolut einzigartig: Es gibt bei
Mary Kay Cosmetics mehr Frauen, die über 50 000 Dollar im Jahr
verdienen, als in jedem anderen Unternehmen auf der Welt.

Was ist das Geheimnis dieses Erfolgs? Zum Teil liegt es an der
auffallend positiven Einstellung, die Frau Ash jedem ihrer

Mitarbeiter entgegenbringt. „Ich wollte ein Unternehmen schaffen, das Frauen die Möglichkeit gibt, all das zu erreichen, wozu sie geistig in der Lage sind", sagt sie und denkt offenbar, daß die Leute, die für sie arbeiten, intelligent genug sind, jede Tätigkeit auszuführen. Wenn man den goldfarbenen Glaspalast betritt, in dem die Geschäftsleitung des Unternehmens untergebracht ist, dann fallen einem sofort die überlebensgroßen Bilder der nationalen Verkaufsdirektoren auf. „Während einige Unternehmen Gemälde, Skulpturen oder vielleicht Abbildungen ihrer Produkte benutzen, um etwas auszudrücken", sagt Mary Kay, „soll unsere Botschaft lauten: Wir sind ein Unternehmen, in dem jeder einzelne Mitarbeiter zählt!"

Unglücklicherweise schlagen viele Menschen, die auf einen Führungsposten befördert werden, einen anderen Kurs ein und versteifen sich auf die Rolle des Polizisten. Aufgrund ihres Wissens- und Erfahrungsvorsprungs halten sie es für ihre Pflicht, anderen über die Schulter zu schauen, nach Fehlern zu suchen und Mogeleien zu verhindern. Sie glauben, es sei ihre Aufgabe, Fehlschläge zu verhindern. Indem sie eine solche Wachhundrolle einnehmen, provozieren sie schnell Widerstand, und die Menschen folgen solchen Vorgesetzten mit derselben Lust, mit der sie sich einen Zahn aufbohren lassen. Auf der anderen Seite halten sich gute Manager und gute Lehrer nicht lange mit der Analyse der Fehler ihrer Mitarbeiter auf. Sie suchen stattdessen nach Stärken, die andere übersehen haben, und nach Wegen, das, was in der Gruppe steckt, zu aktivieren.

Mehr als alles andere bestimmt unsere Einstellung zu den Menschen in unserem Büro den Erfolg oder Mißerfolg bei der Motivierung. Wenn die Menschen wissen, daß wir gute Leistungen von ihnen erwarten, dann werden sie in den meisten Fällen alles daransetzen, unsere Erwartungen zu erfüllen. Wenn wir mit dem Schlimmsten rechnen, dann werden sie diese Vorhersagen mit enttäuschender Genauigkeit erfüllen. Deshalb lautet die erste Regel, wenn Sie das Engagement Ihrer Mitarbeiter gewinnen wollen:

Erwarten Sie nur das Beste von Ihren Mitarbeitern.

Vor einiger Zeit hielt ich in Toronto in einem Club für leitende Angestellte eine Rede. Nach dem Treffen kam ein älterer Mann auf mich zu. Er war groß, schlank und elegant gekleidet. Mit 74 Jahren wollte er nun in den Ruhestand gehen, nachdem er ein Leben lang Bleistifte produziert hatte. Ich dachte mir: ,,Was für eine langweilige Art, seinen Lebensunterhalt zu verdienen", und sagte: ,,Sie sind wohl froh, aus dem Geschäft auszusteigen?"

,,Oh, nein", antwortete er. ,,Im Gegenteil. Ich werde es fürchterlich vermissen. Und wissen Sie, was ich am meisten vermissen werde? Die Freunde, die ich dabei gefunden habe. Einige meiner Lieferanten und Kunden sind seit 40 Jahren meine besten Freunde. Und einige unserer Topmanager sind Leute, die ich direkt vom College weg eingestellt habe. Es hat mir sehr viel Befriedigung gegeben, ihnen zum Erfolg zu verhelfen".

In unserem Gespräch erfuhr ich, daß dieser Mann ein millionenschweres Unternehmen aufgebaut und es kürzlich für eine sehr große Summe verkauft hatte. Sein Erfolg überrascht allerdings kaum, wenn man berücksichtigt, welch großes Vertrauen er anderen entgegenbrachte. Er verstand es, die guten Seiten eines jeden zu entdecken und auf sie zu bauen. Und indem er anderen zum Erfolg verhalf, verdiente er zugleich viel Geld.

In jedem Geschäft, in dem man mit anderen Menschen zu tun hat − entweder als Mitarbeiter oder als Kunden − kommt es auf die richtige Einstellung an. Einfach ausgedrückt: Menschen, die gerne mit anderen zusammen sind und daran glauben, daß ihre Mitarbeiter die besten Absichten haben, werden von ihnen nur das Beste bekommen. Auf der anderen Seite wird die Führungskraft, die sich wie ein Polizist benimmt und nur nach den Schwächen des anderen Ausschau hält, merken, daß die Menschen defensiv reagieren, sich zu schützen versuchen, und daß sich die Türen zu ihren inneren Fähigkeiten schnell verschließen.

Wie Sie Ihr Kind zum Dieb machen

Im steigendem Maße zeigen psychologische Studien, daß wir durch unsere Erwartungen die Macht haben, das Schlechteste oder auch das Beste im Menschen zu wecken. Der leitende Angestellte, der davon überzeugt ist, daß „man heute keine guten Kräfte mehr bekommt", und der Lehrer, der überzeugt ist, daß die meisten Kinder faul sind, haben eine erstaunliche negative Macht über diese Menschen.

Der Psychologe C. Knight Aldrich, der jahrelang mit straffällig gewordenen Kindern gearbeitet hat, veröffentlichte vor einiger Zeit in einer psychologischen Fachzeitschrift einen faszinierenden Artikel, in dem er zeigt, wie leicht Eltern aus ihren Kindern Diebe machen können. Das geht so: Nehmen wir an, Ihr Sohn — wie das die meisten Kinder von Zeit zu Zeit tun — stiehlt eine Kleinigkeit. Vielleicht klaut er eine Packung Bonbons. Wenn Sie zu ihm sagen: „Jetzt wissen wir, was Du bist. Du bist ein Dieb! Ab jetzt werden wir ein Auge auf Dich haben", dann ist es sehr wahrscheinlich, daß er bald mehr stiehlt und daß er sich schnell vom Bonbondieb zum Autodieb entwickelt.

Auf der anderen Seite kann man mit Bestimmtheit und Milde reagieren, wenn man sagt: „Tom, das war aber gar nicht deine Art. Wir werden zu dem Laden gehen und die Angelegenheit bereinigen müssen, aber wir werden daraus keine große Affäre machen. Was du getan hast, war falsch. Du weißt, daß es falsch war, und wir sind sicher, daß du das nie wieder tun wirst". Nach einer solchen Behandlung ist die Diebeskarriere der meisten Kinder beendet. Das Prinzip ist sehr alt: Wenn man jemanden eine negative Einstellung unterstellt und ihm all seine Schwächen vor Augen hält, verurteilt man ihn moralisch, und sein Verhalten verschlimmert sich. Unterstellt man ihm hingegen eine positive Einstellung und konzentriert sich auf seine Stärken, dann fördert man seine guten Eigenschaften, und sein Verhalten bessert sich.

Billigen Sie anderen die besten Absichten zu

Vor einiger Zeit saß ein 17-jähriger Patient in meiner Praxis und sagte mürrisch: „Ich habe es satt, daß man mir ständig vorhält, ich könne mehr leisten. Jedesmal, wenn ein Lehrer das herbetet, könnte ich kotzen; mein Vater sagt mir das einmal im Monat".

Dieser junge Mann ist das typische Produkt sehr leistungsorientierter Eltern (sein Vater ist Arzt), die eine schlimme Zeit mit ihren Angestellten und Kindern durchmachen, da sie von anderen denselben Leistungswillen erwarten wie von sich. Sie versuchen ihren Sohn zu motivieren, aber ernten nur Widerstand. Die Erklärung dafür ist: Wenn man jemandem sagt: „Du hast enorme Fähigkeiten", dann ist das ein Kompliment für sein Talent. Aber durch die Bemerkung „Du könntest mehr leisten" macht man es schnell zunichte. Durch ihre Worte haben die Eltern seinen Charakter angegriffen, was sehr viel ernster ist. Jeder von uns, gleichgültig wie heruntergekommen er auch sein mag, will daran glauben, daß er die besten Absichten hat, und er will, daß auch andere das von ihm glauben.

Der Pygmalion Effekt

In George Bernard Shaws Schauspiel »Pygmalion« macht ein Professor aus einer Schlampe namens Eliza Doolittle eine elegante Dame. Er erreicht das vor allem dadurch, daß er sie stets wie eine Dame behandelt, bis sie sich schließlich nach seinen Erwartungen zu richten beginnt. Goethe beschrieb dieses Prinzip so: „Behandle einen Menschen so, wie er sein soll, und du machst ihn schlechter. Behandelst du ihn aber so, als sei er schon der, der er sein könnte, dann machst du ihn zu dem, der er sein sollte".

Eine berühmte Untersuchung von Robert Rosenthal, Pychologe an der Harvard Universität, und Lenore Jacobson, Schuldirektorin aus San Franzisko, verdeutlicht dies. Sie stellten die Frage: Sind manche Kinder in der Schule schlecht, weil ihre Lehrer das von ihnen erwarten? Wenn dem so ist, müßten sich, wie sie annahmen, die Leistungen der Kinder verbessern, wenn der

Lehrer mehr von den Kindern erwartet. Sie unterzogen eine Gruppe von Schülern vom Kindergarten bis zum 5. Schuljahr einem Lernfähigkeitstest. Zu Beginn des nächsten Schuljahres wurden den neuen Lehrern beiläufig die Namen von 5 oder 6 Kindern in der neuen Klasse genannt, die als »sehr begabt« bezeichnet wurden; der Test habe angeblich ergeben, daß diese Kinder außergewöhnliche Lernfähigkeiten besäßen.

Was die Lehrer nicht wußten: Die Testergebnisse waren manipuliert und die Namen der »sehr begabten Schüler« zufällig gezogen worden. Am Ende des Schuljahres wurden alle Kinder nochmals getestet. Das Ergebnis war erstaunlich. Die Schüler, bei denen die Lehrer die größten Fähigkeiten vermutet hatten, erzielten tatsächlich weitaus höhere Punktzahlen und steigerten sich um 15 bis 27 IQ Punkte. Die Lehrer beschrieben diese Kinder als zufriedener, neugieriger und herzlicher als den Durchschnitt und gaben ihnen eine bessere Chance für ein erfolgreiches Leben. *Geändert hatte sich in diesem Jahr nur die Einstellung der Lehrer.* Weil man sie dazu gebracht hatte, mehr von ihren Schülern zu erwarten, erwarteten diese wiederum mehr von sich selbst. ,,Die Erklärung hierfür liegt wahrscheinlich in der subtilen Interaktion zwischen Lehrer und Schülern'', vermutet Rosenthal. ,,Tonfall, Gesichtsausdruck, Gestik und Haltung sind möglicherweise die Faktoren, durch die die Lehrer, oft unbewußt, ihre Erwartungen an die Schüler weitergeben. So kann man einem Kind helfen, sich selber anders wahrzunehmen''.

Konzentrieren Sie sich auf Stärken statt Schwächen

Die meisten Menschen, die wir beeinflussen, vereinen in sich Gutes und Böses, Ehrgeiz, Lethargie, Stärken und Schwächen. Es liegt bei uns, ob wir uns auf ihre Stärken oder Schwächen konzentrieren. Ich habe einmal mit dem Mitglied einer sehr erfolgreichen Kirchengemeinde gesprochen. Der Pfarrer, der sie über 20 Jahre lang geleitet hatte, besaß einige offenkundige Schwächen, aber die Gläubigen schienen ihn sehr zu mögen, und seine Gemeinde bekam immer mehr Zulauf. Ich fragte dieses

Mitglied, wie es sich das erkläre, und hier ist seine kluge Antwort: „Unser Pfarrer hat einige große Stärken und einige Schwächen. Also haben wir versucht, uns bei unserer Arbeit auf die Gebiete zu spezialisieren, auf denen seine Stärken liegen, und seine Schwächen zu vergessen."

Durch diese Einstellung hat die Gemeinde zweierlei erreicht: 1. Sie hat die verleumderische und nörgelnde Stimmung vermieden, die oft in einer Kirchengemeinde oder einer Firma existiert, in der permanent Kritik geübt wird, und sie hat 2. durch diese großzügige Haltung ihren Pfarrer zweifelsohne dazu motiviert, alles zu tun, um sein Bestes zu geben. Und das Resultat? Eine bemerkenswerte Partnerschaft, die Jahr für Jahr Erfolge gebracht hat.

Die Freude, verborgene Talente zu entdecken

Wenn wir uns für eine solche positive Anschauung entscheiden, dann kommen eine Menge verschütteter Talente zum Vorschein. Elbert Hubbard sagte einmal: „Es gibt etwas, das viel seltener, großartiger und kostbarer ist als Talent. Es ist die Fähigkeit, Talente zu erkennen". Durchschnittsmenschen können Außerordentliches leisten, wenn ihre Lehrer oder Vorgesetzte geduldig darauf warten, bis sich eine Fähigkeit zeigt.

Die Geschichtsbücher sind voll von Geschichten über begnadete Menschen, deren Talente so lange von einer Vielzahl von Zeitgenossen übersehen wurden, bis endlich jemand an sie glaubte. Einstein konnte erst mit 4 Jahren sprechen und mit sieben Jahren lesen. Isaac Newton tat sich in der Hauptschule sehr schwer. Ein Zeitungsverleger feuerte Walt Disney, weil er „keine guten Ideen hatte". Leo Tolstoy flog vom College, und Werner von Braun versagte in der 9. Klasse in Algebra. Haydn gab es auf, aus Beethoven, einem begriffsstutzigen, hartnäckigen jungen Mann, der an die Musik glaubte, aber keinerlei erkennbares Talent zu besitzen schien, jemals einen Musiker machen zu können. Diese Geschichten enthalten eine Lehre für uns: Die

29

Menschen entfalten ihre Fähigkeiten nicht alle zur gleichen Zeit, und Menschen, die andere zu motivieren verstehen, sind immer auf der Suche nach verborgenen Talenten.

Ein führender Manager antwortete auf die Frage: ,,Was ist Ihre Aufgabe?'' ,,Meine Aufgabe ist es, Menschen so zu fördern, daß sie stärker, selbständiger, selbstbewußter und kompetenter werden. Wir stellen Produkte her und verkaufen sie mit Gewinn an Menschen, die sie kaufen wollen, so daß wir für dies alles zahlen können!'' Es ist kein Zufall, daß seine Angestellten, die vermutlich murren würden, wenn es nur darum ginge, acht Stunden pro Tag nur für Essen und Wohnen zu arbeiten, frohgelaunt 10 und 12 Stunden am Tag für einen Vorgesetzten arbeiten, der solche Ziele klar vor Augen führt.

Ein Klima, das den einzelnen fördert

Wir können den Menschen, mit denen wir zusammen sind, einen großen Dienst erweisen, wenn wir eine Umgebung schaffen, in der sie ihre Talente nicht nur entdecken, sondern auch entwickeln können. Theodore Roosevelt schrieb einmal: ,,Es gibt zwei Arten von Erfolg. Die eine ist sehr selten. Sie wird dem zuteil, der die Fähigkeit besitzt, das zu tun, wozu kein anderer in der Lage ist. Er ist eine Genie. Aber der Durchschnittsmensch, der das erreicht, was wir Erfolg nennen, ist kein Genie. Er ist jemand, der über die gleichen Fähigkeiten wie seine Mitmenschen verfügt, sie aber über das normale Maß hinaus entwickelt hat''.

Menschen brauchen eine Atmosphäre, in der sie sich spezialisieren, Fähigkeiten entwickeln und ihre Einzigartigkeit entdecken können. Die Biographien bedeutender Menschen berichten immer wieder, wie ein Lehrer oder freundlicher Arbeitgeber aufmerksam genug war, eine Begabung zu entdecken, die niemand vorher wahrgenommen hatte, und die, zumindest in Zeiten, als dies niemand anderes tat, an deren Fähigkeit glaubten, diese Begabung voll entfalten zu können. Die Tafts zum Beispiel verstanden es offensichtlich, ihren Kindern beizubringen, wie man sich einen eigenen Weg bahnt und etwas findet, auf das man stolz sein kann. Als Martha Taft in Cincinnati auf die Hauptschule ging, bat man sie, sich vorzustellen. Sie sagte: „Mein Name ist Martha Bowers Taft. Mein Urgroßvater war Präsident der USA. Mein Großvater war Senator der USA. Mein Vater ist Botschafter in Irland und ich bin Pfadfinderin".

Die Natur des menschlichen Geistes

Es ist sehr wichtig zu wissen, daß die Einstellung, mit der wir anderen Menschen begegnen, weitgehend von unserer Meinung über die menschliche Natur geprägt ist. Douglas McGregor, ein Pionier auf dem Gebiet der Betriebspsychologie, betrachtete die menschliche Natur umso optimistischer, je mehr er sich mit ihr beschäftigte. Er verurteilte die »Theorie X«, wie er sie nannte, — die autoritäre Sichtweise des Managements, die den Menschen als Trottel betrachtet, dem man sagen muß, was er zu tun hat — und entwickelte die »Theorie Y«, eine Theorie, die die Menschen wie Individuen behandelt und ihre Rechte als Menschen respektiert. Abraham Maslows Forschungen bestätigten McGregors Managementtheorien. Als Psychologe an der Brandeis Universität interessierte sich Maslow insbesondere für Grenzerfahrungen, — er sprach in diesem Zusammenhang von den »oberen Grenzbereichen der menschlichen Natur«. Je mehr er diese Phänomene erforschte, um so überzeugter war er, daß in den Menschen weit mehr steckt, als wir ihnen zugestehen. „Die meisten Menschen sind gläubiger, selbstloser und idealistischer, als ich dies zuvor vermutet hatte", schrieb er.

Auf der Oberschule wurde ich mit einigen sehr düsteren Theorien über die Natur des Menschen konfrontiert und las einige Philosophen, die den *Homo sapiens* als ziemlich entartet betrachteten. Je öfter ich aber mit den Menschen in meiner Praxis spreche — besonders wenn sie unter Hypnose stehen oder mir ihre Träume erzählen — desto überzeugter bin ich, daß die menschliche Natur oft verraten und verkauft wird. Ich sehe Tausende von Menschen von ihrer schlechtesten Seite, aber dennoch glaube ich mehr denn je an die Entwicklungsmöglichkeiten des menschlichen Geistes.

Daß ich toleranter als die meisten Menschen sein kann, liegt unter anderem daran, daß ich als Therapeut Zugang zu Informationen habe, die den meisten Menschen verschlossen sind. Und ich stelle immer wieder fest, daß wir im täglichen Umgang einen anderen Menschen selten − wenn überhaupt − in seiner Ganzheit erkennen. Wenn eine Person uns niederträchtig und faul vorkommt, dann sehen wir nur einen Teil dieses Menschen, der nur durch eine bestimmte Konstellation von Umständen an einem bestimmten Tag ans Licht gebracht wird. Wir tun gut daran, etwas zu warten, ehe wir zu dem Schluß kommen, daß das, was wir gesehen haben, die ganze Person darstellt.

Wann Menschen sich ändern

Einige Pessimisten behaupten ständig, daß sich niemand ändert, daß der Leopard niemals sein Revier wechselt. Tatsächlich ändert sich aber jeder jeden Tag, entweder zum Besseren oder zum Schlechteren. Ein junger Wirtschaftsprüfer sitzt in meinem Büro und erkundigt sich nach seiner Mutter, die als Patientin in unserer Klinik ist. Als er von sich erzählt, erfahre ich, daß seine Karriere steil nach oben führt und er kürzlich Teilhaber in einem der acht großen Wirtschaftsprüfungsunternehmen geworden ist. „Die meisten Leute würden es kaum für möglich halten, daß ich beinahe 4 Jahre drogenabhängig war − aber es ist wahr", sagt er. Dann erklärt er mir, wie er wegen der Frau, in die er sich vor 9 Jahren verliebte, damit aufhörte. Als er da so gesund, munter und erfolgreich vor mir sitzt, wird mir klar, wie dumm und zynisch die Behauptung ist, ein Mensch ändere sich nie. *Natürlich* ändert er sich! Und wir können zumindest bis zu einem gewissen Grad Einfluß darauf nehmen, in welcher Weise er sich ändert.

Die Fähigkeit, mehr zu leisten

Wir werden unsere Mitmenschen positiver betrachten, wenn wir uns daran erinnern, daß jeder von uns die große Fähigkeit besitzt, mehr zu leisten. William James sagte einmal:

„Jeder von uns weiß an jedem Tag, daß Energien in ihm schlummern, die durch die Tagesereignisse nicht geweckt werden. Verglichen mit dem, was wir eigentlich sein könnten, sind wir nur halbwach. Unsere Energie ist gedrosselt, unsere Beanspruchung hält sich in Grenzen. Wir machen nur von einem kleinen Teil unserer geistigen und körperlichen Möglichkeiten Gebrauch . . . Im Großen und Ganzen lebt der Mensch weit entfernt von seinen Grenzen; er besitzt Kräfte der verschiedensten Art, von denen er jedoch gewöhnlich keinen Gebrauch macht. Es ist offensichtlich, daß unser Organismus Energiereserven gespeichert hat, die normalerweise nicht genutzt werden − sehr tiefliegende Schichten explosiven Materials, das für jeden, der in diese Tiefen vorstößt, zum Gebrauch bereitliegt".

Dieser Ausspruch stammt nicht von einem marktschreierischen Redner auf einer Marketing-Konferenz. Er stammt aus dem Mund des Vorsitzenden der Vereinigung Amerikanischer Psychologen. Seine Gedanken sind nicht nur wichtig bezüglich dessen, was sie über die ungenutzten Möglichkeiten in uns aussagen, sondern auch bezüglich der Aktivierung vorhandener Energien in *den Menschen, die uns umgeben.* Wenn James auch nur annähernd recht hat, dann können die Menschen erheblich mehr leisten, und unser Bekanntenkreis besitzt Fähigkeiten, die nur darauf warten, freigesetzt und in die richtigen Bahnen gelenkt zu werden.

Als Dwight D. Eisenhower Präsident der Columbia Universität war, nannte er John Erskine den „größten Lehrer, den Columbia je hatte". Erskine war einer der vielseitigsten Männer seiner Zeit − Erzieher, Konzertpianist, Autor von 60 Büchern, Direktor der Julliard-Musikschule und ein beliebter und geistreicher Dozent. In ihrem Buch über ihn führte seine Frau

Helen seine bemerkenswerte Karriere auf seinen „trotzigen Optimismus" zurück. „Aufgrund seiner Begeisterung war er ein guter Lehrer". Er pflegte oft zu seiner Frau zu sagen: „Laßt uns den jungen Menschen sagen, daß die besten Bücher erst noch geschrieben werden müssen und die besten Gemälde noch nicht gemalt wurden; die besten Regierungen sind noch nicht gebildet, das Beste muß noch *von ihnen* geschaffen werden".

Das Verlangen nach Erfolg nutzen

Es scheint eine bekannte Tatsache zu sein, aber so viele Vorgesetzte mißachten diese Wahrheit einfach, so daß ich sie hier ausdrücklich erwähnen muß: Niemand möchte ein Versager sein. Fast jeder von uns möchte erfolgreich sein. „Jeder Mensch glaubt, daß er über größere Fähigkeiten verfügt", sagte Emerson, und alle meine Patienten, wie depressiv und niedergeschlagen sie auch sein mögen, scheinen davon überzeugt zu sein, daß sie zu etwas Besserem fähig sind. Auch wenn sie sich noch so unmöglich benehmen und noch so wenig zustande bringen, so wollen sie sich dennoch verbessern. Für ihr Versagen gibt es Gründe, sagen sie zu sich selbst.

Für den Spötter sind diese Erklärungen faule Ausreden, und es fällt leicht zu behaupten, daß diese Menschen niemals ihre Versprechungen einhalten werden. „Der Weg zur Hölle ist mit guten Vorsätzen gepflastert", sagen solche Skeptiker gerne. Der springende Punkt ist jedoch folgender: Jeder Mensch hat tief im Inneren den Wunsch, etwas zu erreichen und jemand zu sein. Und dies ist ein wunderbarer Ansatzpunkt für den Motivierenden. Wenn Sie sich dieses Verlangen zu nutze machen, dem Menschen sagen, daß Sie an seine Zukunft glauben, dann wird dieser fast alles tun, um Ihre Erwartungen zu erfüllen. Und er wird für Sie härter arbeiten als für jeden anderen auf der Welt. Bill Hewlett, einer der Gründer von Hewlett-Packard, sagte einmal: „Unsere Firmenpolitik entspringt dem Glauben, daß Männer und Frauen eine gute und kreative Arbeit leisten wollen, und daß sie dies tun, wenn man ihnen die richtige Umgebung bietet".

Er wollte meinen Erfolg mehr als ich

Auf einer Verkaufskonferenz, auf der die Preise für die besten Verkäufer des Jahres vergeben wurden, wartete ich einmal darauf, eine Rede zu halten. Eine Frau, die dieses Jahr Außergewöhnliches geleistet hatte und sehr viel Geld verdient hatte, meinte, die Anerkennung gebühre ihrem Verkaufsleiter. Als sie vor den 3000 Menschen stand, in ihren Händen den Preis für den besten Verkäufer des Jahres, erinnerte sie an das Tief, in dem sie sich vor etwa zwei Jahren befunden hatte. Ihre Zukunft hatte so trostlos ausgesehen, daß sie bereit war, alles aufzugeben. Sie hatte sogar schon mehrere Male ihren Vorgesetzten gebeten, sie zu entlassen. Aber dieser machte ihr klar, daß sie es einfach noch nicht lange genug versucht habe, und daß sie niemals angestellt worden wäre, hätte sie nicht ungewöhnliche Fähigkeiten besessen. Ihre Stimme zitterte, als sie die Geschichte erzählte. Dann machte sie die folgende aufschlußreiche Bemerkung: „In all den Monaten, in denen ich aufhören wollte und dachte, daß ich keine Zukunft hätte, glaubte er stärker an mich, als ich das tat. Er wollte meinen Erfolg mehr als ich".

Dieser Vorgesetzte hatte unsere erste Motivationsregel wirksam angewandt: Erwarte das Beste von Deinen Mitarbeitern.

3

Ein maßgeschneiderter Plan
der Motivierung

*,,Wir müssen jedem Verlangen nach
Leben die gleiche Ehrfurcht vor dem
Leben entgegenbringen, die wir unserem
eigenen Leben zuteil werden lassen''.*

Albert Schweitzer

Thomas von Aquin, der viel über Erziehung und Motivation wußte, hat einmal gesagt: Will man jemanden von der eigenen Sichtweise überzeugen, dann muß man dorthin gehen, wo er sich befindet, ihn bei der Hand nehmen und ihn führen. Man steht nicht in der anderen Ecke des Zimmers und schreit ihn an; man nennt ihn nicht einen Dummkopf, und man befiehlt ihm auch nicht, dorthin zu kommen, wo man selbst steht. Man beginnt dort, wo er ist, und arbeitet von dieser Position aus. Nur so schafft man es, daß er sich von der Stelle bewegt.

Wie dieses Prinzip funktioniert, kann man am Beispiel des überaus erfolgreichen Lebensversicherungsvertreters Frank Bettger studieren. Er war ein Profibaseballspieler mit einem Glasarm, der seinen Beruf wechseln mußte. Er beschloß also, Lebensversicherungen zu verkaufen. Das Geschäft lief nicht gut, und mit 29 Jahren war er ein jämmerlicher hochverschuldeter Versager. Aber dann, so unwahrscheinlich es klingen mag, hatte er so viel Erfolg auf diesem Gebiet, daß er sich mit 41 Jahren zur Ruhe setzen konnte. Bettger führt diesen Wandel auf eine Änderung seiner Verkaufsstrategie zurück. Den Anstoß dazu gab ihm ein Vortrag, den er im Bellevue-Stratford Hotel in

Philadelphia gehört hatte. Der Redner war einer der besten Verkäufer Amerikas, J. Elliot Hall. Hall erzählte, wie auch er als Verkäufer versagt hatte und schon aufgeben wollte, als er den Grund seines Versagens entdeckte. Er sagte, daß er zu „viele positive Bemerkungen gemacht habe".

„Das klang verrückt, aber es ließ mich aufhorchen", sagte Bettger. Hall erklärte, er habe fälschlicherweise zu viel Zeit darauf verwendet, das Produkt zu loben, und zu wenig Zeit, den potentiellen Kunden Fragen zu stellen. „Halls Fragen hatten nur einen Grund", sagte Bettger, „*den anderen Menschen zu helfen, das zu erkennen, was sie wollen, und ihnen dann bei der Entscheidung zu helfen, wie sie es bekommen können*". Diese Idee veränderte schlagartig Bettgers Einstellung zum Verkaufen. „Davor", sagte er, „betrachtete ich das Verkaufen nur als einen Weg, meinen Lebensunterhalt zu verdienen. Ich hatte Angst davor, Kunden zu besuchten, da ich glaubte, ihnen zur Last zu fallen. Aber jetzt war ich begeistert! Sofort entschloß ich mich, den Rest meiner Verkaufskarriere diesem Prinzip zu widmen: Finde heraus, was die Menschen wollen, und helfe ihnen, es zu bekommen".

Die zweite Regel, wenn Sie das Engagement Ihrer Mitarbeiter gewinnen möchten, lautet also:

Studieren Sie sorgfältig die Bedürfnisse Ihrer Mitarbeiter.

Zu viele Vorgesetzte mißachten diesen wichtigen ersten Schritt. In ihren Augen ist Motivierung nur ein Täuschungsmanöver — man klopft dem anderen auf die Schulter und muntert ihn mit flotten Sprüchen auf. Aber es ist wesentlich mehr. Ein guter Motivierungsplan muß genauso sorgfältig angepaßt werden wie ein maßgeschneiderter Anzug. Ehe man mit einem Führungs- und Veränderungs-Programm beginnt, ist es wichtig, die Klienten sorgfältig zu studieren. Wir müssen eine Menge Fragen stellen — woher die Menschen kommen und wohin sie gehen wollen, an was sie glauben, was ihre Schwachstellen sind, was sie lieben und was sie hassen. Mit anderen Worten, wir müssen die momentanen

Bedürfnisse der anderen erkunden. Freud hat uns einen großen Dienst erwiesen, indem er aufzeigte, daß alles Verhalten eine Ursache hat und jeder Mensch motiviert ist. Wenn also die Menschen bereits durch eine Fülle von Bedürfnissen gesteuert werden, dann können wir viel Enttäuschung und Versagen vermeiden, wenn wir diese Bedürfnisse sehr genau studieren, um festzustellen, wie wir am besten ihre Interessen ansprechen können.

Frank Bettger erzählt, wie er dieses Prinzip in seiner Kirchengemeinde anwendete. Als Direktor einer kleinen Sonntagsschule, die sich mühsam über Wasser hielt, war er der Meinung, daß dringend und sofort eine größere Organisation nötig war. So bat er während des nächsten Sonntagmorgengottesdienstes um fünf Minuten Gehör. „Ich wußte, daß ich etwas verkaufen mußte", erklärt er. Ich *hätte* vortreten und der Gemeinde erklären können, daß mir dieses Amt übertragen wurde und daß ich erwartete, daß jeder mit mir zusammenarbeiten und mir helfen würde. Ich beschloß jedoch, daß ich viel eher das bekommen würde, was *ich* wollte, wenn ich mit ihnen darüber sprechen würde, was *sie* wollten".

Lesen Sie, was Frank Bettger sagte:

„Ich möchte mit Ihnen kurz über einige Dinge sprechen, die für Sie von Interesse sind. Viele von Ihnen haben Kinder. Sie alle wollen, daß diese hierher in die Sonntagsschule kommen, um andere Kinder zu treffen, und um aus Wahrheiten der Bibel mehr über das Leben zu lernen. Sie und ich wollen, daß unsere Kinder einige der Fehler vermeiden, die ich und vielleicht einige unter Ihnen begangen haben. Wie können wir das erreichen?

Das geht nur, wenn wir eine größere Organisation schaffen. Wir haben zur Zeit in der Sonntagsschule nur neun Lehrer, den Pfarrer eingeschlossen. Wir brauchen aber mindestens 25. Einige von Ihnen werden zögern, selbst zu unterrichten, weil Sie die gleichen Ängste haben, die ich vor nur 12 Monaten hatte, als ich eine kleine Jungenklasse übernahm –

Sie fürchten, zu wenig über die Bibel zu wissen. Nun, ich kann Ihnen versichern, daß Sie in sechs Monaten mehr über dieses Buch lernen, wenn Sie jeden Sonntagmorgen diese Kinder 20 Minuten unterrichten, als Sie jemals in sechs Jahren durch bloßes Zuhören lernen können – und es wird *Ihnen* mehr bringen! Ehepaare können den Unterricht gemeinsam vorbereiten. Das wird Ihnen mehr Gemeinsamkeit geben und Sie näher zusammenführen. Wenn Sie eigene Kinder haben, dann werden auch diese ein größeres Interesse zeigen, wenn sie sehen, daß ihre Eltern aktiv sind. Erinnern Sie sich an Jesus Gleichnis von den drei Männern, denen die Talente übergeben wurden. Ich kenne keine bessere Art, wie Sie Ihre Talente nützen und vermehren können, als durch diese Arbeit".

Was bewirkte Frank Bettgers kleine Rede? Noch am gleichen Morgen meldeten sich 21 neue Lehrer. Zuerst gab es nicht genug Kinder für alle, so daß diese aufgeteilt werden mußten. Einige Klassen begannen mit nur zwei oder drei Schülern. Dann veranstalteten sie eine Werbekampagne von Haus zu Haus, – beinahe jedes Kind der Gemeinde von Wynnefield meldete sich an – und schließlich bauten sie eine große neue Kirche.

Andere Menschen haben andere Bedürfnisse

Ich habe gesagt, daß die wirklichen Gewinner Erfolg haben, indem sie die Bedürfnisse der anderen studieren und diese dann ansprechen. Zig Ziglar, Berater vieler Marketingfirmen, drückt es noch präziser aus: „Man kann im Leben fast alles erreichen, wenn man anderen hilft, das zu bekommen, was sie wollen". An diesem Punkt macht man jedoch sehr leicht einen Fehler, indem man annimmt, andere besäßen Bedürfnisse, die mit den eigenen identisch sind, oder man könne diese Bedürfnisse vorhersagen, ohne die anderen zu fragen oder ihnen zuzuhören. Ein Professor der Betriebswirtschaftslehre erzählt, daß sein Fachbereichsleiter die Abteilung schlecht führt. Eines Tages im

Frühjahr rief dieser ihn zu sich und erklärte ihm, daß eine Gehaltserhöhung nicht möglich sei, daß man ihn aber ein Jahr früher gehen lassen und seine Lehrverpflichtungen verringern würde.

„Er sagte das, als handle es sich um ein tolles Angebot", sagt der Professor, „er wußte aber nicht, daß mir die Zukunftsplanung wenig bedeutet. Bei mir geht es stets etwas chaotisch zu. Da kann ich am besten arbeiten. Ich will nicht wissen, was in der Zukunft geschieht. Die Frage der Amtsdauer, die diesem Mann offensichtlich viel bedeutete, war für mich völlig nebensächlich. Wenn überhaupt, war das für mich nur eine Pflicht. Und was die Verringerung meiner Lehrtätigkeit anbetrifft, so hätte er, wenn er mir nur etwas Aufmerksamkeit geschenkt hätte, sicherlich bemerkt, daß ich das Unternehmen so liebe, daß ich, falls möglich, sogar etwas für dieses Privileg zahlen würde. Hätte er mich gebeten, einige Opfer auf mich zu nehmen, um unseren Lehrstuhl zu verbessern, und hätte er mich herausgefordert, *mehr* zu arbeiten, dann wäre ich wahrscheinlich vor Freude an die Decke gesprungen. Wenn er sich die Mühe gemacht hätte, etwas mehr über mich zu erfahren, dann hätte er mich viel besser motivieren können".

Überzeugungen

Wenn wir die Menschenführung auf den einzelnen abstimmen sollen, dann werden wir auch herausfinden wollen, welche Überzeugungen der Betreffende hat. Bei der Supervision junger Therapeuten und beim Durchsprechen der Probleme ihrer Patienten bin ich oft überrascht, wie wenig diese den Überzeugungen ihrer Patienten Beachtung schenken. Vermutlich haben sie auf der Oberschule gelernt, sich von theologischen Diskussionen fernzuhalten, und sie denken fälschlicherweise, daß ein guter Therapeut während der gesamten therapeutischen Sitzung nur über Gefühle redet und niemals Überzeugungen diskutiert.

Als ob man Überzeugungen und Gefühle trennen könnte. Ein großer Teil des emotionalen Befindens und Verhaltens eines Menschen rührt von Überzeugungen her, die den Kern seiner Existenz ausmachen. Wie M. Scott Peck sagt, gibt es Leute, die behaupten, sie seien nicht religiös, die aber dennoch über eine ausgeprägte Weltanschauung verfügen. Wenn z. B. jemand das Universum mehr oder weniger als eine Welt ansieht, in der jeder jeden frißt, in der man ums Überleben kämpfen muß, so muß der Therapeut oder jeder, der diese Person motivieren will, darüber Bescheid wissen. Ist andererseits jemand ein Pazifist, so sollte man keine militärischen Vergleiche benutzen, um ihn zu motivieren.

Viele meiner Patienten werden, wenn ich sie nach ihrem Glauben frage, sagen, daß sie sich darüber unklar sind. „Das ist ein Grund, warum ich in Therapie bin", werden sie mit einiger Verbitterung hervorbringen. „Ich habe keine Ahnung, woran ich glaube". Für solche Menschen habe ich eine sehr einfache Aufgabe. Ich bitte sie, bis zur nächsten Sitzung mindestens 20 Dinge aufzuschreiben, von denen sie überzeugt sind. Es müssen keine weltverändernden Erklärungen sein − einfach einige Dinge, von deren Wahrheit sie überzeugt sind, oder die sie lieben oder hassen.

Ein Ingenieur sagte bei seinem ersten Besuch in meinem Büro, daß er nicht wisse, ob etwas mit ihm nicht stimme, aber er habe sehr viel geweint und schlafe manchmal während des gesamten Wochenendes. Er war in einem orthodoxen christlichen Elternhaus aufgewachsen, hatte sich dann aufgelehnt und bezeichnete sich nun selbst als Agnostiker. „Alles scheint so relativ", sagte er. „Die Moral und die Maßstäbe haben sich geändert, und ich habe das Gefühl, ich müsse alles anzweifeln und könne an nichts glauben".

Vielleicht glaubte er, ich würde ihm dringend raten, zu seinem Glauben zurückzukehren. Stattdessen aber bat ich ihn, nach Hause zu gehen und eine Liste von den Dingen zu machen, an die er glaubte. „Wenn Sie sich über gewisse religiöse Überzeugungen nicht im Klaren sind", sagte ich, „dann legen Sie sie vorläufig beiseite und konzentrieren Sie sich auf die Dinge, von denen Sie überzeugt sind". Als er in der folgenden Woche wiederkam, trug er einen Notizblock in der Hand und seine Augen blickten nicht mehr so leer. Er sagte, es sei ihm etwas peinlich, da die Liste so wirr sei. Sie enthielt Aussagen wie diese:

„Tiere verdienen es, gut behandelt zu werden".

„Ich bin am glücklichsten, wenn ich in der Nähe des Ozeans wohne".

„Sex ist fantastisch".

„Es ist wichtig, die Wahrheit zu sagen".

„Sauberes Arbeiten ist immer gut, und schlampige Arbeit schafft stets Ärger".

„Ich liebe meine Kinder mehr als alles andere".

„Haß ist immer falsch, und Liebe ist immer richtig".

„Freundlichkeit gegenüber einem Menschen, der in Not ist, ist etwas Bewundernswertes".

Er sagte dann, daß er sich besser fühle, nachdem er nach einigem Nachdenken entdeckt habe, daß er *tatsächlich* an einige Dinge glaube und daß es einige Überzeugungen gebe, mit denen er etwas anfangen könne – selbst wenn er von Zweifeln geplagt werde. Nach weiteren Gesprächen ist seine Liste umfangreicher geworden, und einige seiner alten aufgegebenen Überzeugungen sind zurückgekehrt. Er hat sogar wieder zur Kirche zurückgefunden.

Ich möchte jedoch auf folgendes hinaus: Alle Menschen verfügen über ein System von Überzeugungen, wie sehr sie auch verdrängt sein mögen. Ehe wir nicht eine Vorstellung von ihnen haben, ehe wir nicht wissen, welche Werte die Menschen haben und was sie vom Leben erwarten, solange können wir nicht erwarten, ein erfolgreiches Konzept zu ihrer Motivierung zu erstellen.

Einige sehr aggressive Menschen scheinen nur Ohren für ihre eigenen Worte zu haben. Sie überschütten die Menschen um sie herum mit Daten, aufmunternden Worten und Anweisungen. Die großen Lehrer sind jedoch auch offen für das, was andere ihnen vermitteln. Sie stellen Fragen und hören aufmerksam zu. Wir alle möchten von uns glauben, daß wir gute Zuhörer sind. Tatsache ist aber, daß wir circa 120 bis 180 Worte pro Minute sagen, aber 4 bis

5 mal so schnell denken. Unsere Aufmerksamkeit schweift also umher, und wir nehmen oftmals nur die Hälfte dessen auf, was eine andere Person sagt.

Manchmal fällt es uns sehr schwer zuzuhören, ohne zu urteilen. Dr. Barbara Shipley, Psychiaterin an der Universität von Californien, sagt, daß es äußerst wichtig sei, einem Menschen zu zeigen, daß er als Mensch wichtig ist, auch wenn man sein Verhalten vielleicht nicht billigt. Das erreicht man durch Zuhören. „Wenn ein Teenager morgens um 3 Uhr nach Hause kommt, ist es für die besorgten Eltern nicht leicht, daran zu denken, daß das Zuhören wichtig ist. Der erste Impuls ist, zu schreien: »Ich will nicht *hören*, was geschehen ist«. Das verletzt jedoch die Würde des anderen. Wenn wir uns aber entscheiden, erst zuzuhören und dann zu urteilen, wird uns das später zugute kommen".

Wenn wir wissen, woher jemand kommt, können wir vorhersagen, wohin er gehen wird.

Um zu verstehen, was die Menschen veranlaßt, auf eine bestimmte Weise zu handeln, ist es auch notwendig, sich ihre Vergangenheit anzuschauen. Wir sind, wie Tennyson seinen Helden Ulysses sagen läßt, „ein Teil all derer, die uns begegnet sind", und wir können sehr viel über unsere Mitarbeiter sagen, wenn wir wissen, wo sie herkommen und wie ihre Lebensumstände sich von den unsrigen unterscheiden. Wenn ein Firmenchef wegen eines Seminars in meinem Büro anruft und sagt: „Wir haben Probleme, unsere Angestellten zu motivieren", dann kann ich, ehe ich überhaupt dorthin gehe, vorhersagen, daß sie ihre jungen Mitarbeiter nicht so gut kennen, wie es nötig wäre. In 9 von 10 Fällen glauben die Manager, daß ihre jüngere Belegschaft einen ähnlichen kulturellen Hintergrund hat wie sie und daß die gleichen Verstärker, die sie als Manager motiviert haben, auch bei ihren Angestellten Erfolg versprechen. Das ist jedoch eine gefährliche Annahme. Dr. Layne Longfellow sagt, daß die meisten Entscheidungsträger im heutigen Wirtschaftsleben von der großen Wirtschaftskrise geprägt worden sind. Entweder sie oder ihre

Eltern machten sich Sorgen um Grundbedürfnisse wie Nahrung und Wohnen, und das formte sehr stark ihr Wertesystem. Wenn sie gebeten wurden, Überstunden zu machen, dann sagten sie immer: „Aber natürlich", und dachten sich: „Man weiß nie, wann man einmal etwas mehr Geld braucht, und wir können froh sein, einen guten Job zu haben".

Wenn man jedoch Menschen aus der Zeit des Babybooms auf Überstunden anspricht, dann antworten sie: „Nein danke, aber ich würde mich mit Ihnen gerne über einen weiteren Urlaubstag unterhalten". Sie reagieren so, weil sie einfach andere Bedürfnisse haben. Für sie ist die Arbeit, aber auch die Freizeit wichtig, und die Arbeit steht an zweiter Stelle hinter der Lebensqualität.

Noch etwas anderes kennzeichnet die Vergangenheit dieser Menschen. Im Gegensatz zu vielen Topmanagern wurden junge Menschen in eine Welt geboren, in der sie eine Nuklearkatastrophe in ihrem Leben schon fast erwarten. Sie wurden durch die Ermordung der Kennedys und M. L. Kings stark desillusioniert, und Vietnam und Watergate haben sie wahrscheinlich verstört. Warum also sollen sie jetzt Opfer bringen, um die Früchte des Alters genießen zu können, wenn sie dieses Alter vielleicht nie erreichen? Unser ganzes Gezeter und Geschrei wird wenig nützen, wenn wir nicht die Kräfte berücksichtigen, die sie geprägt haben.

Neben der Berücksichtigung der Vergangenheit eines Menschen, ist es auch wichtig, zu erkennen, daß sich das Wertesystem jedes Menschen ständig ändert. Das kann sowohl ein Fluch als auch ein Segen sein, je nachdem, wie man es betrachtet. Für viele Arbeitgeber ist es ein ständiger Anlaß zu Verwirrung; ihre Mitarbeiter scheinen nie zufrieden zu sein. Auf die Frage, was die Gewerkschaften wirklich wollten, antwortete der Gewerkschaftsführer Samuel Gompers: „Ich kann Ihnen mit einem Wort sagen, was wir möchten: Mehr!". Und manche Eltern und Manager vermuten, daß ihre Gruppe eine ähnliche Einstellung hat. „Gleichgültig, wie sehr ich mich bemühe, sie zufrieden zu stellen", sagte ein Vorgesetzter, „einer in meiner Arbeitsgruppe wird sich immer beklagen. Sobald ich ein Problem gelöst habe, kommen sie mit einem neuen".

Diese menschliche Eigenart, die diesem Manager so viel Ärger bereitete, war im Grunde sein größter Aktivposten. Besäßen seine Leute keine Bedürfnisse, so hätte er auch nichts, das er ansprechen könnte. Es ist eben diese Unzufriedenheit – dieser unbefriedigte Wunsch und Impuls, mehr haben zu wollen, – die es dem, der motivieren möchte, überhaupt ermöglicht, zu motivieren.

Wenn wir einen Streifzug durch die, wie Shakespeare es nennt, Lebensalter des Menschen machen, dann ändern sich unsere Sympathien und Antipathien ständig. Was ein Kind in diesem Jahr motiviert, mag im folgenden Jahr ziemlich unwirksam sein. „Der einzige Mensch, der vernünftig reagiert", sagte George Bernard Shaw, „ist mein Schneider. Er nimmt jedesmal neu Maß, wenn er mich sieht. Alle anderen verwenden stets die alten Maße".

Wird man unfair, wenn man das Konzept der Motivation auf jeden einzeln abstimmt?

Wenn Sie Ihren Führungsstil auf den einzelnen abstimmen, dann könnte der Eindruck entstehen, daß das zu Problemen führt. Werden nicht andere in Ihrer Gruppe Sie der Bevorzugung und Unfairness bezichtigen, wenn Sie mit einem Mitarbeiter mehr Nachsicht haben? Das werden sie in der Tat, wenn Sie die Regeln mißachten, die zuvor als allgemeingültig aufgestellt wurden. Es gibt nichts Unwirksameres als einen Chef, der es jedem recht machen will und einzelnen zuliebe bestimmte Maßstäbe herabsetzt. Auf diese Weise wird Nachsicht nicht funktionieren. Es bringt auch nichts, wenn Sie auf Biegen und Brechen versuchen, ein netter Mensch zu sein, indem Sie sich von aggressiven Menschen herumstoßen lassen und es denen, die sich beschweren, ermöglichen, alles bei Ihnen zu erreichen.

Ich bin nicht dafür, andere zu bevorzugen. Ich bin mehr dafür, dem einzelnen individuelle Aufmerksamkeit zu schenken. Wenn Sie Ihre Kunden, Schüler oder Ihr Publikum genauestens studieren und auf sie Ihr Motivierungskonzept zuschneiden, dann wird das, auf lange Sicht gesehen, als die *fairste* Vorgehensweise angesehen werden.

Die Macht des Wissens

Ein sorgfältiges Studium der Menschen, die wir zu motivieren hoffen, hat zwei Vorteile. Erstens können wir Daten sammeln, auf denen wir unser Motivationskonzept aufbauen können, und zweitens sprechen wir den Menschen ein großes Kompliment aus, wenn wir soviel Energie darauf verwenden, sie kennenzulernen. Es ist dieser zweite Aspekt, auf den ich mich im folgenden konzentrieren möchte.

Ich verbrachte einmal mehrere Monate damit, in Regalen der Bibliothek herumzustöbern und alles zu lesen, was zum Thema »Begeisterung« vorhanden war. Das Phänomen der Grenzerfahrungen faszinierte mich, denn als Familientherapeut konnte ich nicht recht begreifen, wodurch manche Ehen romantisch und aufregend blieben und andere so schnell langweilig wurden. Bei der Untersuchung dessen, was Freud »Ozeanische Erfahrungen« nannte, entdeckte ich, daß eine der wichtigsten Ekstasen, die immer wieder in allen Jahrhunderten erwähnt wurde, der Durchbruch des Wissens ist – das Entdecken der Lösung eines Problems oder das Eindringen in ein neues Wissensgebiet. Gerade der Akt der Erkenntnis scheint eine große Freude zu bereiten.

Bei der Betrachtung glücklicher Ehen, in denen die Begeisterung erhalten blieb, wurde mir plötzlich klar, daß in diesen Beziehungen weder der Mann noch die Frau aufgehört hatten, sich gegenseitig kennenzulernen. Beide Partner nehmen nicht an, daß sie wissen, was der andere denkt, weil sie seit 20 Jahren zusammenleben. Stattdessen sind sie immer aufmerksam. Sie bemerken den Wandel des anderen in seinem Geschmack für Musik, seinen Träumen von Ferien, seinen Zielen. Sie erkennen auch kleine Änderungen im sexuellen Verlangen des anderen, und sie verstehen, auf das, was ihr Partner möchte, einzugehen.

Ich sprach einmal mit dem verheirateten Geschäftsführer eines Einzelhandelsgeschäfts, der eine Liebesaffäre gehabt hatte. ,,Das Leben zu Hause war niemals schlimm gewesen'', sagte er, ,,aber meine Frau scheint kein Interesse daran zu haben, was in mir vorgeht. Wir sind seit 26 Jahren verheiratet, und ich nehme an, sie glaubt, ich sei der gleiche, den sie vor 26 Jahren geheiratet hat. Ich wette, sie könnte Ihnen nicht ein einziges der Bücher nennen, die ich letztes Jahr gelesen habe, obwohl bestimmt ein Dutzend davon im Haus herumlagen. Ich kann fünf Stunden am Stück zu Hause in meinem Arbeitszimmer am Computer sitzen, und sie wird nicht einmal ihren Kopf zur Tür hereinstecken, um zu fragen, was ich mache und wie es mir geht. Ich habe nach so vielen Jahren keinesfalls leidenschaftliche Begeisterung von meiner Frau erwartet, aber ist es denn zuviel verlangt, wenn man ein wenig gekannt und verstanden sein möchte?"

Seine Bedürfnisse waren durchaus vernünftig. Aber es ist immer die Frage nach der Henne und dem Ei. Hörte seine Frau auf, sich für sein Gefühlsleben zu interessieren, weil sie kein Interesse mehr hatte oder weil sie irgendwann in der Vergangenheit verletzt worden war und dachte, daß er nicht mehr an *ihrem* Leben interessiert sei? Hatte er sich darum gekümmert, wer sie war, von was sie träumte, was sie fürchtete und was sie liebte? Über solche Fragen dachten wir gemeinsam nach, und schließlich traf er eine sehr lobenswerte Entscheidung. Gleichgültig, wessen Schuld es ursprünglich war – er entschloß sich, die Affäre mit der anderen Frau zu beenden und zu versuchen, aus der Sackgasse mit seiner Frau herauszufinden. Die Art, in der er das letztere bewerkstelligte, war sehr interessant. Er begann sie zu erkunden, als ob sie eine neue Geliebte sei, die er erst seit zwei Wochen kannte. Das Ergebnis war vorhersehbar: Sie betrachtet ihn nun mit anderen Augen, wenn er durch die Tür tritt, und ihre Liebe zu ihm ist neu erwacht.

Der Schauspieler Alan Alda, der ein sehr guter Ehemann und Vater ist, sagt: „Das Geheimnis des Zusammenlebens liegt darin, die Aufmerksamkeit für das, was die Menschen um einen herum tun, in bestimmter Weise zu steigern. Achte darauf, wie die Menschen gekleidet sind, wisse, welche Note dein Kind im letzten Test bekam, erkenne, ob dein Kind jeden Tag das gleiche anhat, . . . Arlene und ich haben unsere Ehe immer als sehr wichtig angesehen und daher sehr viel Energie darauf verwandt, sie zu dem zu machen, was sie heute ist".

Das Prinzip, das wir in diesem Kapitel diskutiert haben, besagt, daß es wichtig ist, mit den Bedürfnissen der anderen Person zu beginnen, sei es nun, daß man seine Freunde lieben oder seinen Vizepräsidenten motivieren möchte. Manche Menschen denken, sie müßten andere führen, indem sie sich auf die Brust klopfen und sagen: „Folgt mir, ich bin stark und weiß mehr als ihr!" Die wahren Führungspersönlichkeiten sagen jedoch: „Erzähle mir etwas über dich!" Sie wissen, daß die Menschen ihnen *verraten*, wie sie motiviert werden können, wenn man ihnen lange genug zuhört.

4
Verpflichtung zur Höchstleistung

„Meine Eltern haben mir immer gesagt, daß die Menschen niemals erkennen, wie lange es dauert, eine Sache fertigzustellen. Sie erkennen nur, wie gut sie gemacht ist."

Nancy Hanks

„Es ist derzeit das bestgehütete Geheimnis in Amerika, daß die Menschen lieber hart für etwas arbeiten, an das sie glauben, als daß sie einem bequemen Müßiggang frönen."

John W. Gardener

Bislang habe ich davon gesprochen, daß der beste Weg, Menschen zu Spitzenleistungen zu veranlassen, der ist, sie in einer positiven, ermutigenden Art und Weise zu behandeln, ihre Fähigkeiten auszuschöpfen und dabei mit ihren gegenwärtigen Bedürfnissen und Wünschen zu beginnen. Das bedeutet aber nicht, daß der gute Motivierer nachgiebig ist. Ganz im Gegenteil, die meisten Führungskräfte, die zu Höchstleistungen motivieren, sind unnachgiebig wie Stahl, wenn es um Leistungsmaßstäbe geht. Sie halten hartnäckig an bestimmten Werten fest und bemühen sich, eine Gruppe Gleichgesinnter zu formen, die diese Wertvorstellungen teilen. Eine angesehene Musiklehrerin antwortete auf die Frage, wieso sie einen solchen Erfolg bei ihren Studenten habe: „Zuerst bringe ich ihnen bei, daß es besser ist, etwas gut als schlecht zu tun. Das mag sehr elementar sein, aber es ist erstaunlich, wie wenigen jemals gezeigt wurde, wieviel Freude und Stolz es bringt, Maßstäbe zu setzen und dann danach zu leben."

Die dritte Regel, wenn Sie das Engagement Ihrer Mitarbeiter gewinnen möchten, lautet also:

Setzen Sie die Maßstäbe für Spitzenleistungen hoch an.

Die am besten geführten Unternehmen erlauben ein beträchtliches Maß an Individualität, aber sie setzen auch sehr nachdrücklich bestimmte Maßstäbe durch. Das heißt, daß das erfolgreiche Unternehmen über gewisse Grundüberzeugungen verfügt, durch die es sich von anderen Unternehmen abhebt. In ihrem hervorragenden Buch »Auf derSuche nach Spitzenleistungen« kommen Thomas J. Peters und Robert H. Waterman Jr. zu dem Schluß, daß die wahre Aufgabe des Firmenchefs darin besteht, die Wertvorstellungen der Organisation durchzusetzen. „Hervorragende Unternehmen," schreiben sie, „besitzen ein Normsystem, das so stark ist, daß man entweder seine Normen völlig zu den seinen macht oder aber das Unternehmen verläßt. Einen Mittelweg gibt es nicht."

Seltsamerweise können Firmen mit unterschiedlichen Überzeugungssystemen in gleichem Maße erfolgreich sein. Bei Hewlett-Packard wird z. B. der größte Wert auf Innovationen gelegt, wohingegen bei Procter und Camble jeder weiß, daß Produktqualität das Wichtigste ist. Ein Manager, der sehr erfolgreich in dem einen Unternehmen ist, mag in einem anderen ein völliger Versager sein, aber das ist nicht der springende Punkt. Entscheidend ist, daß die Organisation über einen Katalog von Maßstäben verfügt und daß die Führungskräfte ihn rigoros durchsetzen.

Auf gleiche Weise unterscheiden sich erfolgreiche Familien voneinander. Verschiedene Familien mögen sehr unterschiedliche Wertsysteme haben, aber dennoch gleichermaßen Erfolge verbuchen. Um aber eine erfolgreiche Familie zu bilden, muß ein Konzept existieren, dem sich die gesamte Familie verschreibt. Wenn man ein solches Normsystem aufbauen will, braucht man eine entschlossene Führungspersönlichkeit − keinen unterdrückenden, starken Führer, sondern einen, der eine unerschütterliche Überzeugung besitzt und von jedem in der Gruppe hohe Leistungen erwartet.

Entschlossenheit bedeutet, daß Sie sich verantwortlich fühlen.

Ich kenne eine Kunstlehrerin, die jede Woche in fünf verschiedenen Schulen unterrichtet, also für fünf Direktoren arbeitet. Alle fünf haben einen anderen Führungsstil, sagt sie. Eine Frau z. B. ist sehr elegant gekleidet und leitet ihre Schule mit einer gewissen Unnahbarkeit. Sie ist ein echter Profi, und ihre Schule funktioniert reibungslos. Ein anderer Direktor leitet auch eine gute Schule, aber er gibt sich weitaus legerer. Er ist eine kumpelhafter Typ, locker und freundlich und führt gern Aufsicht auf dem Spielplatz, um mit den Kindern zusammen zu sein. ,,Aber wissen Sie, in welcher Schule das *schlechteste* Klima herrscht?'' fragte mich diese Lehrerin, ,,Es ist die Schule, in der der Direktor stets versucht, es jedem recht zu machen. Zu uns Lehrern sag er zum Beispiel: »Sie brauchen nicht unbedingt zu unserem Abendprogramm zu erscheinen, wenn es Ihnen nicht paßt − ich weiß, daß Sie lange fahren müssen«. Vielleicht denkt er, man soll nicht zu streng mit Menschen umgehen, um bei ihnen Erfolg zu haben − aber das geht ins Auge. Jeder in der Gruppe versucht, versetzt zu werden.''

Eine solche *laissez-faire*-Einstellung signalisiert: »Diese Schule ist es nicht wert, sich für sie einzusetzen«. Aus dem gleichen Grunde werden weder der milde Lehrer noch der nachlässige Chef jemals respektiert − offensichtlich kümmern sie sich weder um hervorragende Leistungen noch um die betreffenden Personen. Und obgleich wir uns vielleicht bei strengen Lehrern gekrümmt haben, so blicken wir doch gewöhnlich dankbar zurück, weil wir durch ihre Entschlossenheit unsere Fähigkeiten nutzen konnten.

Das Bedürfnis nach Führung

Der nachgiebige Führungsstil funktioniert zu Hause genauso wenig wie im Klassenzimmer oder im Büro. Die meisten Studien zeigen, daß Eltern, die ein hartes Regiment führen und ziemlich streng sind, die emotional gefestigtsten Kinder hervorbringen. Die Kinder mögen sich zwar über die Regeln beschweren und rebellieren, aber sie werden glücklicher aufwachsen und werden ehrgeiziger und besser angepaßt sein. Wenn Sie sich um Ihre Familienmitglieder kümmern, dann fühlen Sie sich auch für deren Erfolg verantwortlich, und Sie opfern Ihre Zeit und Energie, um ihnen zu helfen, wie man lernt, Dinge richtig zu tun. Wenn Sie zu gutmütig zu Ihren Kindern sind und Privilegien und Geld zu freizügig verteilen, werden diese Sie vielleicht liebkosen und sagen: „Du bist super". Aber diese Liebkosung wurde erkauft, und in Wirklichkeit sind Sie nicht wirklich super. Sie werden sich viel besser fühlen, wenn Sie umarmt werden von einem 25-jährigen Kind, das gerade befördert wurde und zu Ihnen kommt, um Ihnen zu sagen: „Danke dafür, daß Du mir beigebracht hast, wie man arbeitet!"

„Schüler wollen angetrieben werden," sagt Bill Honig, Vorsitzender aller Staatsschulen von Kalifornien. „Kinder respektieren Entschlossenheit. Sie sagen: »Wenn du mich nicht dazu bringst, etwas zu leisten, dann bin ich dir egal«. Sie leiden, aber dann tun sie es". Trotz all unserer Diskussionen über die Vorteile des antiautoritären Führungsstils steht fest, daß die Menschen geführt werden müssen. Robert S. Hughes, Vorstandsvorsitzender der Robert S. Hughes Company, sagte mir neulich: „Je älter ich werde, um so klarer wird mir, daß unsere Angestellten mehr Führung brauchen, als wir einst annahmen". In meiner Beratungspraxis sehe ich nun viele Patienten zwischen 20 und 30 Jahren, die sich wünschen, ihre Eltern hätten sie strenger erzogen. Vor kurzem sagte mir eine Frau: „Es ist schade, daß meine Mutter und mein Vater mir nicht genug Richtlinien beigebracht haben. Es gibt Dinge, die ich wirklich wissen muß, um in der Erwachsenenwelt gut zurechtzukommen, und meine Eltern hätten mir diese Dinge beibringen können. Ich war wahrscheinlich ein Alleswisser und benahm mich nicht so, als ob ich Anleitungen brauchte, aber ich brauchte sie dennoch".

Es gibt anscheinend sehr unterschiedliche Führungsmethoden, aber allen, die erfolgreich zu motivieren verstehen, ist eines gemeinsam: Sie bestehen unnachgiebig auf erstklassiger Arbeit. Sie sind keine Muttersöhnchen, die sich leicht durch das, was gerade Mode ist, beeinflussen lassen.

Um eine Führungspersönlichkeit zu sein, muß man etwas Energie im Leib haben. Als Mario Cuomo Recht studierte, sagten ihm seine Lehrer, er solle seinen vokalreichen Nachnamen ändern, wenn er im Leben vorankommen wolle. Aber Cuomo weigerte sich, da er mächtig stolz auf seine italienische Abstammung war. Als er sich 1982 um den Gouverneursposten von New York bewarb, gab sein Gegenspieler Lewis Lehrmann 13,9 Mio Dollar aus − 9,6 Mio Dollar aus seinem privaten Vermögen − und Cuomo nur 4,8 Mio Dollar. Zeitweise war Cuomo überzeugt, daß er verlieren würde. Als er eines Nachts gegen Ende des Wahlkampfes sein Tagebuch schreiben wollte, war er müde und niedergeschlagen. Auf der Suche nach einem Stift kramte er in einigen Papieren im hintersten Eck seiner Schreibtischschublade und fand eine alte Visitenkarte seines Vaters. Er las: »Andrea Cuomo, Italienisch − amerikanische Lebensmittel − Feine importierte Produkte« und begann über seinen Vater nachzudenken. Als Andrea Cuomo in Amerika ankam, konnte er kein Englisch und arbeitete im Abwasserkanalbau. Schließlich erwarb die Familie einen kleinen Lebensmittelladen, der rund um die Uhr offen hatte, und in dessen Hinterräumen sie viele Jahre mehr schlecht als recht lebte.

Nachdem Cuomo diese Karte angestarrt hatte, schrieb er in sein Tagebuch:

Ich mußte einfach darüber nachdenken, was wohl Papa geantwortet hätte, wenn ich ihm gesagt hätte, ich sei müde oder − Gott bewahre − ich sei entmutigt . . .

Ich erinnerte mich insbesondere an eine Szene ganz deutlich. Wir waren gerade von der Wohnung hinter dem Laden nach Holliswood umgezogen. Zum ersten Mal hatten wir ein eigenes

53

Haus; wir hatten sogar etwas Land und Bäume dabei — einer war eine große Blautanne von etwa 40 Fuß Höhe.

Kaum eine Woche nach unserem Einzug gab es einen schrecklichen Sturm. Wir kamen abends aus dem Geschäft und fanden die große Blautanne fast völlig aus dem Boden gerissen und nach vorn gedrückt, ihr gewaltiger Wipfel lag schwer auf dem Asphalt der Straße. Als wir unsere Tanne so besiegt auf der Straße liegen sahen, blutete uns das Herz. Aber nicht das von Papa.

Vielleicht war er 1,65 m groß, wenn seine Absätze nicht abgetreten waren. Vielleicht wog er 75 kg, wenn er gut gegessen hatte . . . Aber er war stärker als Frankie und ich und Maria und Mama zusammen.

Wir standen auf der Straße und sahen auf den Baum. Es regnete. Wir warteten einige Minuten, um zu überlegen, dann verkündete er: „OK, wir stellen ihn wieder auf!" „Wovon sprichst du, Papa? Die Wurzeln sind aus dem Boden gerissen!" „Sei ruhig, wir stellen ihn auf, er wird schon wieder wachsen!"

Wir wußten nicht, was wir sagen sollten, man konnte ihm nichts abschlagen; nicht, weil ich sein Sohn war, sondern weil er sich so sicher war.

Also folgten wir ihm ins Haus, holten, was an Seil vorhanden war, und banden es um die Baumspitze, die auf dem Asphalt lag. Papa stand am Haus, ich zog am Seil, und Frankie stand im Regen auf der Straße und half, die große Blautanne aufzurichten. In kürzester Zeit stand sie wieder aufrecht!

Obwohl es noch regnete, grub Papa dort, wo die Wurzeln waren, ein immer größeres schlammiges Loch, in das der Baum immer tiefer sank und so Halt bekam. Dann schaufelten wir schlammige Erde über die Wurzeln und beschwerten den Baum mit Felsblöcken, um ihn aufrecht zu halten. Papa trieb Pfähle in den Boden und befestigte daran mit Seilen den Baum. Etwa zwei Stunden später schaute er auf die Tanne, die durch Seile aufrecht gehaltene, verkrüppelte Tanne, und sagte: „Keine Angst, sie wird wieder wachsen!"

Ich blickte auf Papas Karte auf dem Tisch, und mir war nach Weinen zumute. Wenn man heute an dem Haus vorbeifahren würde, könnte man die große, schlanke Blautanne sehen, die jetzt

54

etwa 65 Fuß hoch ist. Sie zeigt geradewegs in den Himmel und tut so, als habe ihr Wipfel niemals auf dem Asphalt gelegen.

Ich legte Papas Karte zurück in die Schublade und schloß sie energisch. Ich konnte es kaum erwarten, in den Wahlkampf zurückzukehren.

Cuomo gewann die Wahl von 1982 trotz der unüberwindlich scheinenden Hindernisse mit 180 386 Stimmen, größtenteils aufgrund seiner eisernen Entschlossenheit. Solche Entschlossenheit entsteht nicht aus dem Nichts. Im vorliegenden Falle stammte sie von einem eingewanderten Vater, der Energie im Leib hatte und es als wichtig erachtete, seiner Familie ein Leitbild zu vermitteln.

Die Kunst des Tadelns

Wenn wir hohe Maßstäbe aufstellen, dann müssen wir den Leuten auch mitteilen, wenn sie diesen Normen nicht gerecht werden. In ihrem kleinen Buch »Der 01 Minuten Manager« plädieren Kenneth Blanchard und Spencer Johnson dafür, einminütige Tadel zu erteilen. Am sichersten erkennt man einen schwachen Manager oder einen schwachen Elternteil daran, daß er Angst hat, den Mitgliedern in der Organisation zu sagen, wenn sie sich geirrt haben. Hier einige Tips für das Erteilen eines Tadels:

– Tun Sie es sofort.

– Überprüfen Sie die Fakten, bevor Sie weitere Schritte unternehmen. Vergewissern Sie sich, daß Ihre Informationen korrekt sind.

– Sagen Sie dem Betreffenden genau, was er falsch gemacht hat. Versuchen Sie das Verhalten, nicht dessen Motive zu kritisieren.

– Zeigen Sie Ihren Ärger, Ihren Verdruß, Ihre Frustration.

Manche von uns mögen hinsichtlich der Zeit, die nötig ist, einen Tadel zu erteilen, nicht mit Blanchard und Johnson übereinstimmen; die meisten Arbeitnehmer oder Kinder werden mehr als 60 Sekunden benötigen, bis die Sache vollends ausdiskutiert ist. Aber die Aussage ist immer noch eindeutig − wir werden niemals in der Lage sein, zu führen und zu motivieren, wenn wir davor zurückschrecken, die Fehler anderer Leute zu korrigieren. Wir mögen zwar gelegentlich den Zorn einiger auf uns ziehen und sogar von manchen als rücksichtslos bezeichnet werden. Wir haben aber eigentlich nur klar aufgezeigt, daß wir Inkompetenz nicht dulden. Nach Ansicht Dan Rathers „steht am Anfang die Vision eines Lehrers, der an einen Menschen glaubt, ihn bis zur nächsten Stufe zerrt, schiebt und führt und manchmal mit einem Spitzen Stock, den man Wahrheit nennt, einen Stoß gibt."

Wenn der Motivierende unbeliebt ist

Wenn Sie Tadel verteilen, müssen Sie dem anderen erlauben, eine gewisse Zeit mit Ihnen unzufrieden zu sein. Ein Vorgesetzter, der die anderen begeistert, muß weder der Klügste, noch der am härtesten Arbeitende in der Gruppe sein. Es ist jedoch notwendig, daß Sie konsequent bleiben − konsequent in Ihrem Verlangen nach Spitzenleistungen, selbst wenn Sie das zeitweise sehr unbeliebt macht. Ein Vorgesetzter muß keinen Popularitätswettbewerb gewinnen. „Einige der talentiertesten Menschen sind schreckliche Vorgesetzte, weil sie das lähmende Bedürfnis haben, von allen geliebt werden zu müssen", sagt James Schorr von Holiday Inns Inc. Der Trainer Lombardi vertrat folgende Auffasssung: „Für mich ist es wichtiger, das Vertrauen der Spieler als ihre Zuneigung zu besitzen". Und der Kinderpsychologe Haim Ginott betont: „Gute Eltern müssen ihre Kinder gern haben, aber sie dürfen nicht das starke Bedürfnis haben, in jeder Minute des Tages von ihnen gemocht zu werden".

Wie man Disziplin geschickt einsetzt

Anne Sullivan, jene Lehrerin, die Helen Keller aus ihrer beängstigenden Welt des Schweigens und der Dunkelheit herausführte, war eine Frau, die besser als die meisten von uns andere überzeugen und motivieren konnte.

Als Frau Sullivan in Tuscumbia, Alabama, ankam, fand sie ein junges, undiszipliniertes Tier vor. Zu dieser Zeit hatten schon ein oder zwei Leute Helens Mutter gesagt, daß ihre Tochter schwachsinnig sei, und tatsächlich war ihr Geist in völliger Dunkelheit gefangen und ihr heranwachsender Körper von animalischen Trieben beherrscht. Doch eines Tages, als sie an der Wasserpumpe standen, durchbrach Frau Sullivan ihr Schweigen. Helen verband die Tatsache, daß Wasser aus dem Rohr spritzte, mit dem, was Anne mit dem Finger auf die Handfläche schrieb: Wasser. „Überwältigt von einem Glücksgefühl, das ich zum ersten Mal seit meiner Kindheit verspürte," schrieb H. Keller, „griff ich begierig nach Annes immer offenen Händen und bat sie um neue Worte, um all die Dinge, die ich berührte, zu identifizieren. Ein Funken des Begreifens nach dem anderen sprang über von Hand zu Hand, und wie durch ein Wunder entstand eine tiefe Zuneigung".

Fast jeder kennt die atemberaubende Geschichte, wie Helen Keller mit Frau Sullivans Hilfe in aller Welt zu einer Heldin und einem Vorbild für viele behinderte Menschen wurde. Aber es ist nicht allgemein bekannt, daß Frau Sullivan in diesen Jahren sehr streng mit ihrer Schülerin umging. Das junge Tier wurde nicht plötzlich zu einem gebändigten und kooperativen Kind, nur weil es jetzt mit anderen kommunizieren konnte; das wurde nur erreicht, da Frau Sullivan strenge Disziplin hielt und die gleichen Anforderungen an Helens Verhalten stellte, die sie auch an ein sehendes und hörendes Kind gerichtet hätte. „Sobald ich genug Worte kannte, um zwischen richtig und falsch zu unterscheiden," schrieb Helen Keller, „steckte sie mich sofort ins Bett, wenn ich etwas Unrechtes getan hatte. Faulheit, Leichtsinn, Unordnung und faule Entscheidungen waren Fehler, die sie sofort mit Geschick, Humor und blitzendem Sarkasmus bekämpfte".

Die Macht der Herausforderung

Menschen werden niemals durch eine Arbeit oder Familie angeregt, die ihnen nichts abverlangt. Sie werden durch Herausforderungen angeregt. Charles de Gaulle, der es verstand, eine Nation anzufeuern, sagte einmal: „Ein Mensch mit Charakter wird von Schwierigkeiten magisch angezogen, da er bei der Bewältigung von Problemen all seine Fähigkeiten einsetzen kann". Und auch William James betonte: „Bedürfnisse und Kampf begeistern und inspirieren uns".

Garibaldi rekrutierte die Armee, mit der er Italien befreite, indem er all jene zu sich rief, die bereitwillig Kälte, Hunger, Nacktheit und den Tod akzeptierten. Wenn Mutter Theresa von Kalkutta ein neues Mädchen in die Mission aufnimmt, so ist sie keineswegs so gütig, wie wir vielleicht annehmen. Die Regel besagt, daß sie am ersten Tat mit ihrer Arbeit im Sterbehaus anfangen muß. Schwester Bernhard, eine der ersten zwölf, die mit Mutter Theresa anfing, sagt über die ersten Tage des Ordens: „Es war hart. Und sie wollte, daß es hart war. Sie wollte es nicht leicht haben".

Eine Aufgabe als Anreiz

Dieser fordernde Führungsstil ist stets unwiderstehlich und überaus erfolgreich; zum großen Teil deswegen, weil die Menschen sich nach einer Aufgabe sehnen. Sybil Fergusson, eine Hausfrau in Rexburg, Idaho (11 000 Einwohner) entdeckte, wie man erfolgreich abnehmen kann, und ihre Freunde fingen an, ihr für ihr gutes Aussehen Komplimente zu machen und sie bei ihren Gewichtsproblemen zu Rate zu ziehen. So entstand das erste »Diät-Zentrum« in Rexburg. Das war 1970. Zur Zeit gibt es mehr als 1900 »Diät-Zentren« in der ganzen Welt. Der Umsatz beträgt 90 Mio Dollar im Jahr, und fast jeden Tag wird irgendwo in der Welt ein neues Zentrum eröffnet. Sybil Fergusson und ihr Mann leiten das Unternehmen immer noch von Rexburg aus.

Wie kommt es zu solch einem Erfolg? Zum Teil daher, weil sie von Anfang an betont hat, daß ihre Firma mehr als ein Unternehmen ist – eine Bewegung, eine Aufgabe. Einer von Frau Fergussons Assistenten sagt: „Die Mitarbeiter fühlen sich alle der Aufgabe verpflichtet, der wir uns verschrieben haben – Übergewichtigen bei ihren Problemen zu helfen –, und das ist für uns weit mehr als ein bloßer Job".

Als die 23. Olympischen Spiele in den USA ausgetragen werden sollten, sagten die Schwarzseher ein Desaster voraus. Jeder hatte die Terroranschläge im Kopf, die München zu einer Tragödie werden ließen, und auch das finanzielle Debakel von Montreal, durch das sich der kanadische Staat mit 1 Mrd Dollar verschuldete. Aber die amerikanischen Spiele wurden zu einem sensationellen Erfolg. Dies war vor allem der Verdienst Peter Ueberroths. Der 42-jährige Optimist organisierte den Triumph und erwirtschaftete ein Plus von mehr als 200 Mio Dollar. Robert Ajemian schrieb in der Times über Ueberroths Charakter: „Er hat eine Art, alles, was er anpackt, zu einer Lebensaufgabe zu machen. Er lebt auf, wenn er mit schwierigen Problemen und Aufgaben konfrontiert wird". Ueberroth hielt vor den 72 000 olympischen Mitarbeitern (etwa die Hälfte waren freiwillige Helfer) eine Rede nach der anderen. Er machte ihnen klar, daß sie alle einen gewaltigen Berg zu erklimmen hätten. Eine solche Sprache mag für manchen abgedroschen klingen, aber niemand bezweifelte, daß Ueberroth die Sache genau so sah. Dieses Engagement für eine Sache ließ ihn auch gebieterisch zu denen sein, deren Einsatz ihm nicht angemessen erschien. Eines Tages sprach er am Mittagstisch in der Cafeteria der Zentrale mit einigen Mitarbeitern. Man sprach entspannt über das, was routinemäßig dran war, bis eine der Frauen wegen möglicher Gehaltserhöhungen anfragte. Ueberroth, der Freiwillige ohne Gehalt, wurde eiskalt und schnauzte sie an: „Sie sollten hier nicht arbeiten, wenn sie nicht begreifen, was wir zu erreichen versuchen!"

Es gibt keinen Ersatz für die motivierende Macht einer großen Aufgabe. Es ist eine unsinnige Vorstellung unserer Gesellschaft, daß wir glücklicher wären, wenn wir nicht so beschäftigt wären, nicht so viel arbeiten würden und so viele Hausaufgaben zu bewältigen hätten, wenn wir uns nur mehr ausruhen und öfter in Ferien fahren könnten. Freizeit hat wenig mit Glücklichsein zu tun. Im Gegenteil, ich habe herausgefunden, daß die zufriedensten Menschen eine Aufgabe gefunden haben und, angetrieben durch ihr Engagement, in großen Schritten durchs Leben schreiten. Tatsache ist, daß die meisten Menschen sich langweilen. Wenn Schüler die Schule nicht mögen, kommt das oft daher, weil die Schule ihnen so wenig abverlangt. Wenn jemandem seine Arbeit mißfällt, so kaum deshalb, weil zuviel von ihm erwartet wird, sondern weil es sich um stumpfsinnige Routinejobs handelt. Wenn also ein Vorgesetzter auftaucht, der hohe Leistungsanforderungen stellt, der sie herausfordert und ihnen eine Aufgabe gibt, werden sie ihm viel eher folgen.

Realistische Erwartungen

Bevor wir das Thema Leistung und Engagement abschließen, müssen wir eine Warnung anfügen, daß man Schiffbruch erleidet, wenn man Menschen dazu antreibt, das Unmögliche zu wollen. Natürlich ist es möglich, soviel von einem Menschen zu fordern, daß er verängstigt wird und aufgibt. Keiner kann unendlich lange an etwas arbeiten, ohne einen Erfolg zu verspüren.

David McClelland, Psychologe an der Harvard Universität, hat sehr viel Forschung auf dem Gebiet betrieben, das er »Erfolgsmotivation« nennt. Er fand heraus, daß die am besten motivierten Menschen gerne klare Ziele vor Augen haben, aber Ziele, die erreichbar sind. Wenn einige Geschäftsleute eine Versuchsgruppe bilden und aufgefordert werden, Spiele mit Nägeln und ein paar Seilschlingen zu erfinden, dann werden einige sich ganz in die Nähe stellen und einfach die Ringe über die Nägel werfen – und bald das Interesse verlieren. Andere werden sich relativ weit weg stellen, daneben werfen und entmutigt werden. Die Leute aber, die wahrscheinlich am erfolgreichsten im Geschäftsleben sind, werden sich gerade so weit weg stellen, daß der Wurf eine Herausforderung bedeutet, aber nicht so weit, daß ein Erfolg unmöglich wird. McClelland fand, daß diese Leute dauerhaft motiviert bleiben, und sie sind sehr abhängig von dem, was er »Bewältigungs-Feedback« nennt – das ständige Gefühl der Befriedigung, daß sie in der Lage sind, kurzfristige Ziele zu erreichen.

Mit anderen Worten, sie möchten ihre Fähigkeiten voll ausschöpfen, aber sie brauchen auch regelmäßig Erfolge.

Daraus können alle Vorgesetzten und Lehrer eine wichtige Lehre ziehen: Wenn wir Spitzenleistungen fordern, müssen wir aufpassen, daß die Ziele sowohl eine Herausforderung darstellen als auch realistisch sind. Und wir müssen uns eine abgestufte Steigerung von Zielen einfallen lassen, so daß sich unsere Mitarbeiter über ein ständiges Erfolgsfeedback freuen können. Lauftrainer Dean Cromwell würde sagen: ,,Optimismus ist sehr hilfreich, wenn er wirklich überzeugend ist. Strebe deshalb nach einem vernünftigen Ziel. Ich sage einem Jungen, er soll versuchen, 6. zu werden, wenn ich weiß, daß er nicht mehr schafft. Wenn Ihr Freund heute 2. Assistent des Flaschenspülers ist, dürfen Sie ihm nicht sagen, daß er morgen Firmendirektor sein kann. Wenn er Ihnen nicht glaubt, wird es keinen Sinn haben. Bringen Sie ihn dazu, hart zu arbeiten, damit er der beste Flaschenspüler wird. Wenn Ihr Sohn eine 4 im letzten Geschichtstest bekam, sagen Sie ihm, Sie wetten, daß er das nächste Mal eine drei schreibt''.

Im folgenden Kapitel werde ich einige Vorschläge machen, was Sie tun können, wenn ein Mitarbeiter völlig versagt.

5
Wie man mit Mißerfolgen umgeht

„Die Hauptaufgabe eines Erziehers besteht darin, den Leuten beizubringen, wie sie intelligent versagen".

Charles F. Kettering

Ende Mai 1940 stand die englische Armee am Strand von Dünkirchen vor dem, was ihre schändlichste Niederlage hätte werden können. Die deutschen Panzerdivisionen hatten die schlecht ausgerüsteten und unzulänglich ausgebildeten britischen Streitkräfte eingekesselt, und Hitler war kurz davor, ihnen die Schlinge um den Hals zu legen. Als einziger Fluchtweg blieb die See. Daß die Briten ein Seefahrervolk sind, rettete sie nun. Die Marine leistete die Hauptarbeit bei der Evakuierung von Dünkirchen, aber jeder, der ein Boot besaß, half mit. Fischerboote und Fischkutter, Schleppkähne und Motorboote, Yachten und Vergnügungsboote, alte Themsedampfer und Flußkähne aller Art bildeten eine riesige Armada, die die belagerten britischen Truppen den Klauen Hitlers entriß. Die Gewässer vor Dünkirchen waren ein brodelndes Inferno, aber immer wieder jagten die kleinen Boote herbei und brachten eine Ladung Truppen nach der anderen nach Hause.

Jeder dritte fiel, aber das Gros der Armee wurde gerettet. Und die Moral der Briten war noch intakt. A. L. Rowse erzählt, wie er die Truppen zurückkommen sah: „Ich erinnere mich gut daran, wie sie vom Kanal zurückkehrten und die Häfen und Bahnhöfe passierten, wo ihnen Zivilisten Essen und Zigaretten brachten − geschwärzt, schmutzig, ohne Waffen, aber keineswegs deprimiert durch das, was sie durchgemacht hatten."

Ihre gesamte Ausrüstung mußten sie in Frankreich zurücklassen – Artillerie, Maschinengewehre, Autos, Tausende von Gewehren. Es würde Jahre brauchen, ehe eine Armee so ausgebildet und ausgerüstet war, erneut europäisches Festland zu betreten. In seinem Bericht an die Nation in derselben Woche bezeichnete Churchill Dünkirchen in keiner Weise als einen Sieg. Aber er sagte: „Wir werden bis zum Ende marschieren, wir werden in Frankreich kämpfen, wir werden auf allen Meeren und Ozeanen kämpfen . . . wir werden unsere Insel verteidigen, koste es, was es wolle, wir werden auf den Stränden kämpfen, wir werden auf den Landebahnen kämpfen, wir werden auf den Feldern und Straßen kämpfen . . . wir werden niemals aufgeben."

Jeder, der eine gute Führungsperson sein möchte, muß die Kunst erlernen, nach solch einer Episode in dem Menschen die Flamme der Entschlußkraft wieder zu entzünden. Tatsächlich kann man vielleicht sagen, daß keiner effektiv motivieren kann, wenn er nicht weiß, wie er Menschen nach ihren Fehlschlägen helfen kann.

Was veranlaßt Menschen, derart unterschiedlich auf Fehlschläge zu reagieren? Weshalb ziehen manche so hoffnungsvoll und zielstrebig in die Welt und kapitulieren dann schon nach der ersten Niederlage? Sie sind unfähig, sich nach einem Fehlschlag aufzuraffen, schrauben ihre Erwartungen herunter und fristen ihr Dasein in Resignation und ängstlicher Mittelmäßigkeit. Was befähigt auf der anderen Seite andere dazu, sich immer wieder aufzuraffen? Fehlschläge scheinen sie erst recht in dem Beschluß zu bestärken, sie zu überwinden, und wenn sie stolpern, dann stehen sie aus eigener Kraft wieder auf, schauen sich um, lernen aus ihren Fehlern, machen weiter und beenden das Rennen mit Erfolg.

Wenn Führungskräfte anderen Menschen beibringen können, wie man mit Fehlschlägen kreativ umgeht, dann kann dies der wichtigste Beitrag sein, den sie leisten können. Die 4. Regel, wenn Sie das Engagement Ihrer Mitarbeiter gewinnen möchten, lautet demnach:

Schaffen Sie eine Atmosphäre, in der es nicht tragisch ist,
zu versagen.

Ich sprach einmal mit einer Frau, die in der Politik sehr bewandert war und die »Großen«und »Fast-Großen« beobachtet hatte. Sie sagte: ,,Wissen Sie, was die Erfolgreichen von der Masse abhebt? Ich dachte ursprünglich, es liege am inneren Antrieb, an der Intelligenz oder an Beziehungen. Aber je länger ich die Menschen beobachte, umso mehr entdecke ich, daß paradoxerweise die Fähigkeit, versagen zu können, zu dauerhaftem Erfolg führt.''

Ein kleines farbiges Mädchen, das zu früh ihr Debüt in New Yorks Town Hall gab, lernte diese Lektion schon sehr früh. Sie war weder erfahren noch reif genug für die Town Hall, und die Kritiker ließen kein gutes Haar an ihr. Völlig blamiert kehrte sie nach Philadelphia zurück. Die Mitglieder ihrer Kirche hatten ihre Karriere unterstützt, indem sie Geld für den sogenannten »Fond für Marian Andersons Zukunft« sammelten. Nach dem Debakel in New York konnte sie ihren alten Freunden und Lehrern nicht ins Gesicht schauen.

Die Verlegenheit und Niedergeschlagenheit der Sängerin dauerte länger als ein Jahr, aber Marian Andersons Mutter gab nicht auf. Sie sprach ihr fortwährend Mut zu und sagte ihr, daß Mißerfolge nicht von Dauer seien. Sie versuchte sie zu überzeugen, daß sie immer noch talentiert sei. Dann, eines Nachmittags, wirkte ihre Aufmunterung. Sie sagte: ,,Marian, Talent kommt vor Ruhm. Warum denkst du nicht ein wenig über diesen Mißerfolg nach und bemühst dich?'' Rückblickend sagte die große Sängerin (die später vielen anderen Sängerinnen half, jene Verzweiflung zu überwinden, die sie bei ihrer ersten Niederlage verspürt hatte): ,,Was immer meine Stimme auszeichnen mag, verdanke ich dem Glauben – dem Glauben und den Worten meiner Mutter: »Talent kommt vor Ruhm!«.

Es ist eine weise Mutter und ein weiser Vorgesetzter, der seinen Leuten hartnäckig beibringt, wie man aus Fehlern lernen kann und niemals aufgibt. Manche Geschäftsleute, die keinen

Mißerfolg ertragen können, feuern ständig ihre Mitarbeiter. Aber die besten Manager rechnen damit, daß ihre Leute Fehler begehen, sie erkennen, daß es effizienter ist, den Menschen beizubringen, wie sie mit ihren Mißerfolgen umgehen und aus ihren Fehlern lernen können, statt ständig die Belegschaft auszuwechseln. Sie sind, mit anderen Worten, nicht so sehr Richter und Disziplinarpersonen als vielmehr Trainer und Lehrer, und sie wissen, daß das Versagen eines Mitarbeiters ein entscheidender Prüfstein der Motivationsarbeit ist. Wenn sie Ausdauer und Beharrlichkeit vermitteln und anderen helfen, aus ihren Fehlern zu lernen, erweisen sie ihnen einen guten Dienst und schaffen gleichzeitig eine bessere Organisation. Auf die Frage, was den effektiven Manager kennzeichne, antwortete Charles Knight, Direktor von »Emerson Electric«, frei heraus: ,,Sie müssen versagen können. Ich bin erstaunt über die Zahl von Organisationen, die ein Umfeld schaffen, das den Mitarbeitern nicht erlaubt, Fehler zu begehen. Man kann keine Innovationen erbringen, wenn man nicht bereit ist, Fehler zu akzeptieren.''

Wenn der Motivierende zeigt, wie man Fehler machen kann.

Wie aber bringen wir unserer Gruppe diese Einstellung bei? Zum einen durch das persönliche Beispiel. Manche Menschen haben die falsche Vorstellung, daß man eine Reihe echter Erfolge vorweisen muß, um gut führen zu können. Sie setzen deshalb alles daran, ihre Mißerfolge zu verheimlichen. Tatsächlich ist aber der Ruf, beharrlich Risiken auf sich zu nehmen, ein paar Schlachten verloren zu haben und dennoch unerschütterlich zu sein, inspirierender als alles andere.

Wir müssen uns von der Idee freimachen, daß starke Menschen niemals versagen. Richard S. Needham sagt: ,,Starke Menschen machen genauso viele und genauso verhängnisvolle Fehler wie schwache Menschen. Der Unterschied besteht aber darin, daß sie zu diesen Fehlern stehen, über sie lachen und aus ihnen lernen. Auf diese Weise werden sie stark.''

Wenn Sie Ihre Gruppe davon überzeugen wollen, dann ist

es am besten, ihr zu zeigen, wie Sie einen Fehler begehen. Sie können sicher sein, daß Ihre Untergebenen genau beobachten, wie Sie reagieren, wenn Sie straucheln. Sollten Sie so tun, als sei es kein Versagen, oder sollten Sie es gar ignorieren oder eher zynisch und weniger wie ein Träumer zu diesen Fehlern stehen, dann wird auch diese Lektion für die Gruppe nicht umsonst sein.

Wie man Mitarbeitern hilft, mit Ablehnung umzugehen.

Eine der entscheidendsten Motivationshilfen, die ein Vorgesetzter geben kann, ist die, die er einem Mitarbeiter anbietet, wenn dieser nach einer Ablehnung zurückkehrt. Eine solche Situation kommt in einer Familie dann auf, wenn Ihr Kind nach einer verlorenen Klassensprecherwahl nach Hause schleicht; oder in einer Ehe, wenn ein Partner nicht befördert wird. Und sie besteht, wenn ein Vertreter nach einem Monat voller enttäuschender Ergebnisse in die Zentrale zurückkommt.

Der umsichtige Vorgesetzte wird alles in seiner Macht stehende tun, um denen, die an der Front waren und übel zugerichtet zurückkehren, neuen Mut zu geben.

Tom Keegan, der sich bis zum Verkaufsleiter eines großen Teppichunternehmens hochgearbeitet hat, sagt: „Ich war jahrelang als Vertreter unterwegs, und jetzt als Manager werde ich niemals vergessen, wie einsam man da draußen ist. Wenn Sie in Ihrem Wagen von einem Kunden zum nächsten fahren und jeder erzählt Ihnen, daß Sie zu teuer sind und Ihre Firma nichts taugt, dann wäre es das letzte, wenn Sie mitbekämen, daß Ihr Manager nicht hinter Ihnen steht. Sie müssen wissen, daß Ihr Unternehmen auf Ihrer Seite ist." Das ist innerhalb der Familie genauso wichtig. Das Zuhause sollte ein Zufluchtsort sein, wo man seine Wunden heilen kann und wo man von allen akzeptiert wird, egal, wie schwer man draußen versagt haben mag. Die Gewißheit, daß man einen solchen sicheren Ort im Rücken hat, kann einen Menschen für lange Zeit in einer sehr feindlichen Umwelt überleben lassen.

Die Idee eines solchen Zufluchtsortes kann, wie alle guten Dinge, auch soweit übertrieben werden, daß schließlich ein

Angestellter oder ein Kind verhätschelt und vor Mißerfolgen bewahrt wird. Dann wird diese Person allzu defensiv und macht für alles äußere Umstände verantwortlich. Dr. Robert N. Mc Murray, Psychologe in einer Beratungsstelle, untersuchte 220 Männer, die gesund, von überdurchschnittlicher Intelligenz und anscheinend gut ausgebildet waren, aber weder ein Arbeitsverhältnis noch eine Beziehung erfolgreich aufrechterhalten konnten. Er klassifizierte sie als »Teilversager«, und wie er feststellte, lag der Hauptgrund darin, daß sie nicht mit irgendwelchen Unzulänglichkeiten fertigwerden konnten. In ihrer Kindheit waren sie von nachsichtigen Eltern vor den Konsequenzen ihrer eigenen Fehler bewahrt worden. Wenn sie in der Schule versagten, wurde das auf den Lehrer geschoben. Wenn sie nicht mit ihrer Arbeit zurechtkamen, wurde die Betriebspolitik dafür verantwortlich gemacht. Das ist es, was Thomas Carlyle den größten aller Fehler nannte — daß man sich nie über etwas im klaren ist.

Wie man Fehler verbessert, ohne die Begeisterung zu zerstören.

Wo liegt die goldene Mitte zwischen dem Stellen hoher Anforderungen und dem Aufmuntern von Mitarbeitern, die diesen nicht gerecht werden? Eltern wie Manager stehen vor dem gleichen Problem: Wie kann man gute Leistungen erwarten und dennoch Mißerfolge tolerieren? Manche begehen den fatalen Fehler, so wild auf junge Leute, die versagt haben, loszugehen, daß diese ihre Erwartungen an sich selbst herunterschrauben und nicht mehr nach höheren Zielen streben. Schon Seneca sagte: ,,Wenn du ein Mensch bist, so bewundere die, die Großes versuchen, auch wenn sie daran scheitern.'' Nach Ansicht Theodore Roosevelts ist ,,der einzige Mensch, der niemals Fehler begeht, derjenige, der nie etwas tut.'' Wir sollten unsere Gruppe vielleicht dann tadeln, wenn sie *niemals* einen Flop landet, denn wenn sie nicht hin und wieder versagt, zeigt dies, daß sie nur auf Nummer sicher geht.

,,Mißerfolg schadet niemandem'', sagte einmal Jack Lemmon. ,,Es ist die Angst vor dem Versagen, die jeden, und besonders Künstler, fertigmacht. Man muß da hindurch und Chancen

67

wahrnehmen." Vorgesetzte, die erfolgreich motivieren, haben immer einige Tricks auf Lager und werden alles tun, um ihren Mitarbeitern zu helfen, Mißerfolge zu verarbeiten, aus ihren Fehlern zu lernen und beharrlich weiterzumachen. Manchmal schreit man sie an und bringt sie dazu, noch eine Runde zu laufen, obwohl sie überzeugt sind, daß sie keinen Schritt mehr gehen können. Ein andermal zerrt man sie, bevor die Angst Zeit hat, sie zu überwältigen, aufs Pferd zurück, das sie abgeworfen hat. In manchen Fällen muß man die Veranwortungsbereiche ändern, um die Kette ihrer Mißerfolge zu unterbrechen und ihnen kleine Erfolge zu ermöglichen. Mit anderen Worten: Wer gut motivieren kann, weiß, daß die Angst vor dem Versagen einen Träumer mit glänzenden Zukunftsaussichten zerstören kann, und daß die wichtigste Lehre, die man daraus ziehen kann, die ist, daß Mißerfolge nur das Salz in der Suppe des Lebens sind.

Stellen Sie sich nur einmal vor, wie leicht es für jenen jungen Mann gewesen wäre, seinen Kopf zu senken und aufzugeben: 1831 versagte er im Geschäftsleben. Nachdem er 1832 geschlagen wurde, wurde er 1834 in den Kongreß gewählt. 1835 starb seine geliebte Frau, 1836 erlitt er einen Nervenzusammenbruch, 1838 verlor er die Wahl zum Parlamentsvorsitzenden, 1840 die Wahl zum Wahlmann und 1843 die zum Kongreßmitglied. 1846 wurde er erneut in den Kongreß gewählt, 1848 wiederum nicht. 1850 verlor er wieder die Wahl zum Senatsabgeordneten, 1856 die zum Vizepräsidenten, und 1858 wurde er wieder nicht in den Senat gewählt. Glücklicherweise wurde er schließlich 1860 Präsident. Sein Name ist Abraham Lincoln.

Wo hatte Lincoln diese Hartnäckigkeit und diese Fähigkeit gelernt, sich nicht durch Mißerfolge entmutigen zu lassen? Vieles davon entsprang natürlich seinem Innersten – einem Charakter, den Sandburg eine Kombination von Samt und Stahl nannte. Er hielt aber auch durch, weil manche Menschen an ihn glaubten, ihm Mut zusprachen, wenn er niedergeschlagen war, ihm sagten, daß Mißerfolge nicht andauern, und ihn ständig antrieben. Vielleicht sind in jenem Jahrhundert an der Westküste noch andere Lincolns geboren worden, aber weil sie nicht solche Lehrer und Freunde hatten, ruhen sie nun in vergessenen Gräbern.

6

Wie man eine innere Motivation aufbaut

„Ich habe entdeckt, daß der beste Ratschlag, den man seinen Kindern geben kann, der ist, selber herauszufinden, was man will, und das dann auch zu tun."

Harry Truman

John Lobbock bemerkte einmal, daß es nicht so wichtig sei, ein Kind zu unterrichten. Wichtiger ist es, daß man in ihm den Wunsch zu lernen weckt. Ich habe noch nie einen Lehrer getroffen, der dem nicht zustimmte, aber die Sache hat einen Haken. Wie bringen wir es fertig, ein solches Verlangen zu wecken? Wenn sich Ausbilder treffen und über Motivation sprechen, so ist das ihre häufigste Frage. Wie können wir eine innere Motivation aufbauen, statt von äußeren Anreizen abhängig zu sein?

Das gleiche Problem von innerer versus äußerer Motivation existiert natürlich für jeden Vorgesetzten. Da wir nicht ständig neben jemandem stehen und Verstärker, Drohungen, Aufmunterungen und all die anderen Motivierungshilfen einsetzen können, liegt der letztendliche Test unserer Fähigkeit, andere zu motivieren, darin, zu sehen, inwieweit die Menschen etwas leisten, wenn wir nicht anwesend sind.

Cherry Henricks, eine sehr erfolgreiche Unternehmerin und Innenarchitektin − ihre Firma mußte in den letzten drei Jahren dreimal ihre Bürokapazität erweitern − half mir bei der Beantwortung dieser Frage. Als ich sie fragte, ob sie der Meinung sei, Motivation müsse von anderen Menschen kommen, oder ob sie glaube, sie könne in einem selbst entwickelt werden, antwortete sie: „Man braucht offensichtlich beides. Meine Inspiration ist in erheblichem Maße von meinen Partnern abhängig, aber ich denke, daß ich mich sehr gut durch eine einfache Technik selbst motivieren kann – ich setze mir selbst Ziele. Wenn ich sie niederschreibe und sehr genau präzisiere, dann spornt mich das wahnsinnig an."

Je mehr ich über Frau Henricks Bemerkung nachdachte, desto mehr erkannte ich die Weisheit des Gesagten. Innere Motivation kann am ehesten entwickelt werden, wenn man andere dazu ermutigt, sich selbst zu ergründen, bis sie ganz spezifische Ziele und Träume entdecken. Dann sollten wir ihnen helfen, ihren selbsterstellten Plan zu verwirklichen. Manche Menschen glauben, daß die am besten motivieren, die die größte Zungenfertigkeit und ausgeprägteste Redegewandtheit besitzen, die durch die Macht ihrer Persönlichkeit viele Befürworter ihrer Projekte um sich versammeln können. Diese Vorgesetzten betreiben ihre Arbeit so, als müßten die Untergebenen dazu gezwungen, überredet und beschwatzt werden, ihrer Linie zu folgen. Wer gekonnt zu motivieren versteht, weiß aber, daß die Menschen schon über bestimmte Einstellungen und Zielvorstellungen verfügen und sich schon in eine bestimmte Richtung bewegen. Mit anderen Worten, sie besitzen ihre eigene Linie.

Was ich hier vorschlage, ist genau das Gegenteil jener dummen Vorstellung, „daß man seine Ideen in die Köpfe der anderen einpflanzen und sie dann davon überzeugen muß, daß es zuerst *deren eigene* Ideen waren". Das ist die Art von Motivation, die schließlich zum Bumerang wird, und man sollte sie auf alle Fälle vermeiden. Auf der anderen Seite können wir sicherlich, wenn wir lange genug danach suchen, bei anderen gute Ideen finden, die wir mit gutem Gewissen unterstützen können.

Die 5. Regel, wenn Sie das Engagement Ihrer Mitarbeiter gewinnen möchten, lautet demnach:

Unterstützen Sie Ihre Mitarbeiter, wenn diese die von Ihnen gewünschte Richtung einschlagen.

Wenn wir berühmte Familien betrachten, dann erstaunt es oft, daß manche Kinder so viel erfolgreicher sind als andere. Warum taten sich z. B. Joseph Kennedys Söhne so hervor, Franklin Roosevelts Söhne aber nicht?

Sicherlich verstand es Roosevelt genauso gut wie Joe Kennedy, mit der Macht und ihrer Anwendung umzugehen. Ein Teil der Lösung dieses Rätsels mag in Franklin Roosevelts Jrs. Bemerkung liegen, daß er immer einen Termin brauchte, um seinen Vater sehen zu können. Eines Tages, als der Junge ein drängendes Problem hatte, hörte Roosevelt zwar seinem Sohn zu, arbeitete dabei aber an seinem Schreibtisch weiter. Als der Junge schwieg, sagte Roosevelt geistesabwesend: ,,Schön, daß du vorbeikommen konntest,'' und damit war das Gespräch beendet. Vergleichen wir das mit Joe Kennedys brennendem Interesse am Leben seiner Kinder. Trotz all seiner Schwächen, verhielt sich Kennedy seinen Kinder gegenüber uneingeschränkt loyal. ,,Mein Geschäft ist meine Familie und meine Familie ist mein Geschäft'', sagte er. John F. Kennedy sagte einmal zu Steve Smith: ,,Weißt du, als ich gerade in der Erstsemestermannschaft für einige dieser Schwimmwettkämpfe trainierte, war mein Vater immer dabei. Er war *immer* da. Er tat das gleiche für alle seine Kinder''. Ein Vater, der seine Kinder dazu ermutigt, so viele Ziele wie möglich zu verfolgen, und der auf diese Art und Weise die Linie seiner Kinder voll unterstützt, kann ihr Leben entscheidend prägen.

Wie man Veränderungen bewirkt

In diesem Buch diskutieren wir ein wahrhaft gefährliches Unterfangen: Wie können wir Menschen helfen, sich zu ändern? Die meisten Menschen stehen uns sehr argwöhnisch gegenüber, wenn wir uns in ihr Leben einmischen mit der Absicht, sie zu verändern. Denn die meisten Reformer verhalten sich etwas überheblich − sie glauben zu wissen, wie sie ihre Kinder oder Untergebenen zu formen haben, und in fast allen Fällen wehren sich die Menschen gegen solche Reformen. Das andere Extrem besteht darin, daß man kein Interesse bekundet, andere ändern zu wollen, und salbungsvoll davon spricht, *jeden* »zu akzeptieren«. Viele Psychotherapeuten sagen z. B., daß sie ihre Patienten nicht ändern wollen, und geben vor, nicht zu urteilen oder zu lenken und sehr nachgiebig im Umgang mit ihren Klienten zu sein. Aber das ist ebenso unrealistisch. Wenn diese Therapeuten sich beruflich mit anderen Therapeuten unterhalten, dann wird offensichtlich, daß sie eine feste Vorstellung haben, wie sich ihre Patienten ändern sollten. Sie ärgern sich über den Mann, der nicht aufhört zu trinken, über die Frau, die ihre Kinder beschimpft, und den Ehemann, der seine Frau verrückt macht.

Wie man beeinflußt, ohne einzuschüchtern

Die meisten von uns *wollen* diese Menschen ändern. Aber wie können wir sie motivieren, sich zu ändern, ohne sie zu manipulieren oder zu unterdrücken? Wie kann man als Vorgesetzter helfen und anregen, aber dennoch den Menschen ihre Freiheit lassen? Dies sind keine einfachen Fragen, und wir werden auf sie in einem anderen Zusammenhang zurückkommen. Ich möchte zunächst ein einfaches Modell aus meiner Praxis vorstellen. Wenn ich versuchen würde, selbst zu entscheiden, wie sich jeder Patient zu ändern hat, damit er glücklich wird, dann hieße das, Gott zu spielen. Meine Ziele sind viel bescheidener. Ich betrachte mich eher als jemanden, der etwas aufzuklären hilft, und wenn Patienten bei mir eine Therapie beginnen, müssen sie sich darauf gefaßt machen, eine Menge Verantwortung für ihre Therapie zu tragen. In den ersten Stunden stelle ich dann Fragen wie die folgenden:
  – Wie wollen Sie sich verändern?
  – Was würde Sie glücklich machen?
  – Auf welche Weise wollen Sie Ihr Verhalten ändern?
Ich fordere sie mit anderen Worten dazu auf, sich selbst Ziele für unsere Zusammenarbeit zu stecken. Wenn ich dann ihre Zielvorstellungen kenne, setze ich alles mögliche daran, sie bei deren Verwirklichung zu unterstützen. Ich kann mir durchaus vorstellen, daß ein Patient auch Ziele nennt, die ich nicht mit

72

gutem Gewissen akzeptieren könnte. Aber das ist noch nie vorgekommen. Die Menschen benötigen oftmals unsere Hilfe, um ihre innersten Bedürfnisse zu ergründen und zu entscheiden, was sie wirklich in ihrem Leben wollen. Wenn sie aber dann ihre Zielvorstellungen benennen, gleichen diese oft denen, die ich vorgeschlagen hätte. Ich bin dann froh, daß ich geschwiegen habe. Nun stehen wir uns ganz anders gegenüber. Ich bin nicht der Reformer, sondern jemand, der ihnen hilft, ihren Plan zur Ausbildung ihres Selbst zu verwirklichen. Ich befinde mich mit ihnen auf einer gemeinsamen Linie.

Natürlich haben Manager und Lehrer weniger Spielraum als Psychotherapeuten, den Menschen die eigene Zielsetzung selbst zu überlassen. Da müssen Maschinen zusammengebaut, Telefonate geführt oder Dinge gelernt werden, und wenn unsere Angestellten oder Schüler andere Ziele verfolgen, dann werden wir ihnen als erstes sagen, daß sie diese zurückzustellen haben. Sollten Sie aber versucht sein, eine solche barsche Antwort zu geben, dann sollten Sie sich an eine Technik erinnern, die Paul Bryant, »der Bär«, benutzte − der Trainer, der 323 College-Footballspiele bislang gewann − mehr als jeder andere Trainer. Vielleicht gibt es außer beim Militär keinen Bereich, in dem man persönliche Ziele so gänzlich zurückstellen muß wie im Football. Hier gibt der Trainer ganz klare Zielvorgaben, und die Aufgabe des Teams ist es, sich einzuordnen. Aber am Anfang jeder Saison in Alabama ließ Bryant jeden Spieler seiner Mannschaft seine persönlichen Ziele für das Jahr niederschreiben, und erst nach dem Durchlesen formulierte er dann einen Katalog von Zielen für das gesamte Team. Indem er sie aufforderte, ihre Ziele zu benennen, vermittelte er mindestens dreierlei: 1. Ich bin an dir und an dem, was du willst, interessiert, 2. du solltest vorausdenken; und 3. wir bilden eine Mannschaft, in der jeder, wie wir hoffen, seine Vorstellungen verwirklichen kann. Und ich werde in unserem gemeinsamen Plan, so gut es geht, Möglichkeiten einbauen, daß ihr eure persönlichen Ziele erfüllen könnt.

Ein Grund, weswegen manche Eltern sich andauernd mit ihren Söhnen und Töchtern in den Haaren liegen, besteht darin, daß sich die Vorstellungen der Kinder von denen der Eltern zu

unterscheiden scheinen. Das wird immer ein Teil des Eltern-Kon-
fliktes sein, aber manche Eltern verschlimmern das Problem noch,
weil sie nicht in der Lage sind, das zu tun, was Bryant tat — sie
forschen noch nicht einmal nach den vorhandenen Träumen ihres
Kindes. Wenn sie fragten, würden sie vielleicht einige Ge-
meinsamkeiten entdecken, die sie bereitwillig unterstützen
könnten. Können Eltern wirklich so viel zur Selbständigkeit ihrer
Kinder beitragen? ,,Ja, das können sie'', sagt Ruth Stafford Peale:
,,Das Geheimnis besteht darin: Beobachten Sie, welche angeborenen Fähigkeiten und Talente Ihr Kind hat . . . führen Sie es
dorthin oder bringen Sie es dazu, in diesen Bereichen etwas zu tun.
Ein Vater, der früher Leistungssportler war, mag nur mit Mühe
verstehen, daß sein Sohn lieber Schach als Football spielt. Aber
dieser Junge braucht eben Schach und nicht Football, wenn sein
Selbstvertrauen wachsen soll. Wenn er in einer Sache gut ist,
dann wird er auch daran glauben, daß er andere Dinge genauso gut
bewältigen kann.''

Ich möchte in diesem Punkt keineswegs falsch verstanden
werden. Ich sage nicht, daß wir schwache Führungspersonen sein
sollen, die anderen erlauben, die Ziele für unsere gesamte Gruppe
zu formulieren, mit dem Ergebnis, daß die Organisation sich
ineffektiv dahinschleppt. Die Menschen wollen starke Führungspersönlichkeiten mit klaren Zielen vor Augen. Bryant verkörpert
diese Art von Führungsperson sehr gut. Aber die besten Trainer
und Manager fördern auch persönliche Zielvorstellungen und
setzen alles daran, ihre Leute dorthin zu bringen, wo *sie* selber
hinstreben.

Das Prinzip der Konsequenz

Es gab möglicherweise noch einen anderen Grund, daß
Byrant seine Spieler anhielt, ihre persönlichen Ziele niederzuschreiben: Wenn sich jemand erst einmal für ein Ziel entschieden
hat, dann beginnen eine Reihe psychologischer Faktoren zu
wirken, die die Chancen, daß der Betreffende das Ziel auch
erreicht, deutlich erhöhen. Unsere Handlungen werden tief im

Innern von einer stillen Kraft gesteuert, einem fast zwanghaften Verlangen, wirklich – oder wenigstens scheinbar – im Einklang mit dem zu sein, was wir bereits getan haben. In jeder Gruppe wird Inkonsequenz mißbilligt und Konsequenz hochgeschätzt. Das gilt sowohl für Häftlinge als auch für Kirchenmitglieder. Jeder, dessen Meinung leicht beeinflußbar ist, wird als unentschlossen, willensschwach und flatterhaft angesehen.

Dr. Leon Festinger, der Pionier auf dem Forschungsgebiet der Kognitiven Dissonanztheorie, sagt, daß innere Dissonanz, oder auch die Angst, inkonsequent zu sein, in gleicher Weise aktiviert wie Hunger oder Frustration. Wenn wir uns erst einmal zu etwas entschlossen oder einen Standpunkt eingenommen haben, dann werden wir alle Hindernisse überwinden, damit unser Verhalten dieser Position entspricht. Und wir werden auch unser Denken radikal anpassen, um es mit unserem Verhalten in Einklang zu bringen. Nehmen wir z. B. einen Mann, der seiner Frau immer treu war. Gewöhnlich wird er sehr feste Anschauungen über die eheliche Treue besitzen. Natürlich wird man sagen: ,,Aber sicher, das ist der Grund, weswegen er treu ist – weil das seiner Anschauung entspricht.'' Das stimmt aber nicht immer. Beachten Sie, was geschieht, wenn er fremdgeht. Er wird nun allerlei Gründe zur Rechtfertigung seines Verhaltens anführen, und seine Einstellung scheint sich radikal zu ändern. Das bedeutet, daß Einstellungen oftmals auf ein Verhalten folgen, statt es zu bewirken.

Die Sozialwissenschaftler Jonathan Freedman und Scott Fraser berichten von einem bemerkenswerten Experiment, in dem ein Forscher, getarnt als freiwilliger Helfer, in einem Wohnviertel in Kalifornien von Tür zu Tür ging, und den Hauseigentümern eine absurde Frage stellte. Sie wurden gefragt, ob sie es erlauben würden, daß ein häßliches, großes Straßenschild mit der Aufschrift »Fahr vorsichtig« in ihrem Vorgarten aufgestellt werden dürfte. Die Mehrzahl (83%) lehnte dies natürlich ab. Dann verwendeten die Forscher bei einer zweiten Versuchsgruppe eine etwas andere Taktik, und über 50% stimmten zu. Der Grund für die Zustimmung lag in dem, was zwei Wochen zuvor mit den Hausbesitzern geschehen war: Sie hatten einen kleinen Schritt dahin getan, sicheres Fahren zu fördern. Ein anderer Freiwilliger war mit der Bitte an sie herangetreten, ein 5 mal 5 Zentimeter großes Schildchen anzubringen, auf dem stand: »Sei ein vorsichtiger Fahrer«. Das war eine so geringfügige Bitte, daß fast jeder einverstanden war. Aber die Auswirkungen dieser Einwilligung waren enorm. Als nämlich der 2. Freiwillige kam und sie bat, das große Schild aufzustellen, waren die meisten dieser Gruppe auch dazu bereit.

Ein Wandel in der Selbstwahrnehmung

Wie ist das zu erklären? Wir können es verstehen, wenn wir erkennen, wie wichtig das Bild ist, das jemand von sich hat. Als die Leute das erste Schild anbrachten, fingen sie an, sich anders zu sehen. Sie beobachteten ihr eigenes Verhalten, wie jeder es tun würde, und sahen sich als Personen, die um Sicherheit bemüht sind und gerne für einen guten Zweck eintreten. Es schien ihnen daher folgerichtig zu sein, der großen Tafel zuzustimmen. Dasselbe geschieht, wenn jemand mit einer Überzeugung oder einem Plan an die Öffentlichkeit tritt. Er wird viel Energie darauf verwenden, nach diesen Vorgaben zu handeln.

Es wird nun deutlicher, warum erfolgreiche religiöse Gruppierungen ihre Mitglieder dazu drängen, sich öffentlich zu ihrem Glauben zu bekennen, und wieso derjenige, der zu motivieren versteht, alles daran setzt, daß die andere Person klare, präzise Ziele formuliert. Tom Hopkins, der Verkäufer ausbildet, sagt, wenn man jemanden von etwas überzeugen wolle, von dem man wisse, daß es richtig ist, dann sei es falsch, ihm Fakten einzurichtern oder ihm zu sagen, wie blöde er unserer Meinung nach ist, denn er wird dann niemals die Richtigkeit unserer Aussagen zugeben. „Der professionelle Verkäufer handelt nach einem anderen Konzept", sagt Hopkins, „nach einem, das einfach und effektiv ist. Und zwar nach dem folgenden: »Wenn ich etwas sage, können sie es anzweifeln; sagen sie es, dann ist es wahr!«".

Wir müssen uns vor einigen Fallgruben hüten. Mit Hilfe des

Prinzips der Konsequenz kann man jemanden manipulieren, Dinge zu tun, die im Gegensatz zu eigenen, wohlverstandenen Interessen stehen.

Skrupellose Verkäufer oder Demagogen wie Jim Jones brachten mit Hilfe dieses Prinzips andere sogar dazu, teuflische Dinge zu tun. Erst bekommen sie von jemanden ein wenig Zustimmung. Dann verlangen sie immer mehr Handlungen, alles im Namen der Konsequenz. Wir müssen in unseren Beziehungen darauf bedacht sein, einen Freiraum zu schaffen, der es den Menschen ermöglicht, ihre Meinung zu ändern oder zu sagen: „Bis hierhin gehe ich und nicht weiter!"

Gefährliche Selbstkonzepte

Da ist noch etwas, das Vorsicht verlangt. Es ist sehr gefährlich, wenn man jemandem erlaubt, in der Öffentlichkeit seine schlechten Seiten zu enthüllen. Wenn ein Mann sich als jemand ansieht, der nach der Devise handelt: „Ich drehe niemals durch, ich räche mich einfach!", oder wenn ein Mädchen denkt: „In Mathematik bin ich ein Versager", dann müssen wir Situationen vermeiden, die solche Behauptungen ermöglichen. Wenn ein Mädchen ihrer ganzen Klasse erzählt, daß sie schlecht in Mathematik ist, dann entsteht ein großer Schaden, da sie nun alles daransetzen wird, das auch zu bestätigen. Und der Mann, der sich als rachsüchtig ansieht, wird zunehmend dieses Verhalten zeigen, je öfter er sich auf diese Weise beschreibt.

A. W. Combs hat einen Satz geschrieben, der auf alle Badezimmerspiegel von Eltern und Vorgesetzten geschrieben werden sollte, damit sie ihn fünfmal jeden Morgen lesen, bevor sie hinaus in die Welt gehen. Er lautet: »Die Erhaltung und Verbesserung dessen, was wir als unser Selbst betrachten, bestimmt unser ganzes Verhalten«. Wenn die Kinder, die wir beim Frühstück sehen, oder die Mitarbeiter, die wir bei unserer Ankunft im Büro begrüßen, eine negative Einstellung gegenüber sich selbst haben, dann werden sie sich auch in einer Art verhalten, die mit diesem Selbstbild übereinstimmt. Unsere Aufgabe besteht also in weit mehr als dem Ändern des äußeren Verhaltens: Wir müssen uns dem Selbstkonzept zuwenden. Und besonders bei Teenagern ist möglicherweise das Selbstkonzept, das wir heranziehen können, sehr schwach ausgeprägt. Der Kinderpsychologe James Dobson schreibt: „Ich habe beobachtet, daß die große Mehrzahl der 12- bis 20-jährigen bitter enttäuscht ist von dem, was sie sind und was sie darstellen. In einer Welt, die Superstars und Wundertätern huldigt, suchen sie im Spiegel bei sich nach Zeichen von Größe, aber das einzige, was sie entdecken, ist die Akne im Endstadium."

Negative Selbstwahrnehmungen sollten mit milder Nachlässigkeit behandelt werden, und wir sollten sie mit positiven Einstellungen, die wir dem Betreffenden gegenüber haben, beantworten. Wenn Schüler glauben, daß sie schlecht in Mathematik sind, dann meinen sie damit vielleicht, daß sie es in der letzten Mathematikklasse nicht leicht hatten. Unsere Aufgabe ist es nun, alles hervorzuheben, was darauf hinweist, daß sie begabter sind, als es den Anschein hat. Wie S. I. Hayakawa schreibt, macht es einen großen Unterschied, ob man sagt: „Ich habe dreimal versagt" oder „Ich bin ein Versager!".

Präzisierung

Wir wollen nicht nur, daß die Menschen zu ihren Zielvorstellungen und Träumen öffentlich stehen; wir wollen auch, daß sie im einzelnen genau bestimmen, was sie wollen. Dr. Neil Clark Warren und ich haben einige Jahre lang Wochenend-Intensivseminare zum Thema »Selbstwertgefühl und das Entdecken von Glück« durchgeführt. Während des Wochenendes forderten wir die Teilnehmer auf, 20 Minuten lang zu der folgenden Frage etwas zu schreiben: »Wenn Geld keine Rolle spielen würde und Sie genau das Leben führen könnten, das Sie sich wünschen, wie würde dieses Leben aussehen?« Die Blätter kamen zurück mit merkwürdig ungenauen und schlecht formulierten Antworten. Es war offensichtlich, daß viele der Teilnehmer sich niemals die Freiheit erlaubt hatten, Konkretes zu träumen; daraus folgt, daß sie sehr wenig wirkliche Zufriedenheit erlangt haben. „Es ist besser, man weiß, was man will, dann wird man es ja vielleicht erreichen," sagt Dan Greenburg. Und tatsächlich ist unser Erfolg im Leben auf fast magische Weise abhängig von unserer Fähigkeit, sich selbst sehr hohe und spezifische Ziele setzen zu können. Der legendäre Industrielle Henry Kaiser antwortete auf die Frage nach seiner Erfolgsphilosophie: „Entscheide dich, was du am meisten in deinem Leben erreichen möchtest, schreibe dann deine Zielvorstellungen auf sowie einen Plan, wie du sie zu verwirklichen gedenkst."

Je mehr ich Menschen berate, desto mehr erkenne ich, daß die meisten in dieser Hinsicht ganz anders sind als Kaiser. Sie lassen sich treiben und ihr Schicksal wird weitgehend durch die Willkür äußerer Umstände bestimmt. Sie hoffen ständig darauf, daß etwas geschieht, aber gute Dinge »geschehen nicht einfach so« − für uns genausowenig wie für andere. Es liegt eine große Kraft darin, sich selbst Ziele zu setzen. Ich sprach einmal mit einem Immobilienmakler, der normalerweise 40 000 Dollar im Jahr an Verkaufsprovision verdiente. Eines Jahres stieg sein Einkommen plötzlich auf 95 000 Dollar. Ich fragte ihn nach dem Grund. „Ganz einfach", sagte er, „meine Frau lag im Krankenhaus, und ich wußte genau, wieviel Geld ich brauchte, um für sie sorgen zu können, und das verdiente ich − fast auf den Pfennig genau." Wenn wir uns ein konkretes Ziel setzen und uns für einen Weg entscheiden, dann kann das zu einer grundlegenden Veränderung führen.

Die Macht von Träumen

Ein Vater, den ich kenne, sagte einmal: „Meine Eltern sprachen nie mit mir über das College. Sie besprachen tatsächlich niemals mit mir etwas, das in der Zukunft lag. Sie schienen nur im Jetzt zu leben. Meine Tochter ist erst 13, aber wir sprechen andauernd davon, in welche Schule sie gehen und welche Hauptfächer sie belegen möchte. Ich weiß, daß ich sie so früh noch nicht zu irgendwelchen Entscheidungen zwingen kann, und sie wird sicherlich noch ein Dutzend Mal ihren Entschluß ändern, aber das macht mir nichts aus. Das Wichtigste ist, daß es uns Spaß macht, von der Zukunft zu träumen."

Dieses Mädchen kann sich sehr glücklich schätzen, daß es einen so zukunftsorientierten Vater hat, denn er ermutigt sie dazu, zu träumen, ohne sie aber in irgendeiner Weise zu manipulieren. Jedermann kann die Träume eines anderen zum Platzen bringen und ihm sagen, daß sie unrealistisch sind, aber nur ein außergewöhnlicher Mensch erkennt, daß es bedeutsam ist, große Pläne zu fassen, nach den Sternen zu greifen und in die Zukunft zu schauen.

Die besten Führungskräfte sind mehr als Optimisten (obgleich fast jeder, der gut motiviert, auch ein überzeugter positiver Denker ist). Sie sind auch Futuristen. Das heißt, sie lieben es, in der Zukunft zu leben, von ihr zu träumen und über sie zu reden — und sie drängen immerfort ihre Mitmenschen dazu, es ihnen gleichzutun.

Management durch Ermutigung

Scudder N. Parker sagte einmal: „Die Menschen schaffen es irgendwie, das zu werden, wozu man sie ermutigt — nicht das, was man durch Schimpfen erreichen will". Das ist ein sehr menschliches Grundbedürfnis — das Bedürfnis nach jemandem, der uns Mut zuspricht und uns anspornt, nach Höherem zu streben. Ein Klient, der nun ein erfolgreicher Arzt ist, sagt, daß er an das »Management durch Ermutigung« glaubt, und er erklärt das näher. „In der Oberschule in Iowa hatte ich einen Schwimmlehrer, an den ich mich lebhaft erinnere. Er schrie uns immer an. Aber er schrie nicht, um uns auszuschimpfen. Er brüllte Dinge wie: »Na los, Johnson, wirf das Blei ab! Schneller! Du kannst es!« Und genau das brauchte ich. Um ehrlich zu sein, ich glaube, daß ich einen Großteil meines Erfolges diesem Trainer zu verdanken habe, denn wenn ich am Operationstisch stehe, dann kann ich ihn immer noch brüllen hören. Ich habe deshalb immer versucht, meine Untergebenen auf ähnliche Weise zu ermutigen. Ich bin vielleicht hart zu ihnen und verlange viel. Was ich ihnen aber vor allem zurufe, ist: »Na los, du kannst es«". 1875 wurde im Ober-Elsaß ein kränkelnder Junge geboren, der nur stockend lesen und schreiben konnte und kein guter Schüler war. Als er aber älter wurde, bewältigte er selbst Fächer, die außerordentlich schwierig waren, wie z.B. Hebräisch. Er wurde ein musikalisches Wunderkind und spielte schon mit 8 Jahren Orgel, als seine Beine gerade lang genug waren, die Pedale zu betätigen. Mit 9 Jahren vertrat er schon den Kirchenorganisten.

Seine Name ist Albert Schweitzer, und jedermann weiß, daß er schon als junger Mensch einige Berufe ausgeübt hatte. An der Universität von Straßburg erwarb er seinen ersten Doktortitel in Philosophie, und später folgten weitere in Theologie und Musik. Mit 30 Jahren hatte er eine glänzende Karriere als Konzertorganist und veröffentliche zahlreiche Bücher. Doch dann beendete er abrupt seine akademische Karriere, um Medizin zu studieren, und wurde für den Rest seines Lebens Missionar. Das hatte begonnen, als er zufällig in einem Artikel über den Kongo las ,,Während wir diesen Menschen unsere Religion predigen," hieß es dort, ,,leiden und sterben sie vor unseren Augen an körperlichen Krankheiten".

Schweitzer hatte seine Berufung erkannt und plante, nach Afrika zu gehen. Seine Freunde protestierten: Falls die Eingeborenen in Afrika Hilfe brauchten, dann sollte Schweitzer Geld für sie sammeln. Er sei sicherlich nicht dazu berufen, mit seinen eigenen Händen Leprakranke zu waschen.

Es wird immer Menschen geben, die uns auffordern, realistisch zu sein. Menschen, die es als ihre Aufgabe ansehen, unsere Träume zu zerstören und unser Leben einzuengen. Aber es wird glücklicherweise auch immer einige geben, die unsere Ideale fördern und sich unseren Zielen bereitwillig anschließen.

Als Albert Schweitzer sich in Helen Bresslau, die Tochter eines jüdischen Historikers, verliebte, fragte er ohne Umschweife: ,,Ich studiere, um Arzt für die Neger in Afrika zu werden. Willst du den Rest deines Lebens mit mir verbringen − im Dschungel?"

Und sie antwortete: ,,Ich werde Krankenschwester. Wie könntest du denn ohne mich gehen?" Und am Karfreitag 1913 zogen die beiden nach Französisch Äquatorialafrika. Mehr als 50

Jahre tat er dort Dienst, bekam schließlich den Nobelpreis und wurde zu einer Legende.

Wir werden nicht immer wie Helen Schweitzer in der Lage sein, unseren Lebensweg so zu wählen, daß unsere Ziele mit denen unserer Mitmenschen übereinstimmen, denn zeitweise muß unser Weg sich von dem anderer unterscheiden. Doch unsere Regel gilt immer noch: Wenn andere in die Richtung gehen, in die man selbst gehen möchte, dann sollte man sich ihnen anschließen.

7

Die Macht einer Erfolgsgeschichte

*,,Das Beispiel ist die Schule der Menschheit, und
sie wird nur dort etwas lernen".*

Edmund Burke

Vor einiger Zeit saß ich in Atlanta auf einer Versicherungs-
tagung mit Lee Iacocca, dem Vorstandsvorsitzenden der Chrysler
Corporation, auf dem Podium. Die Autoindustrie befand sich zu
der Zeit in einem Tief, und keiner wußte, ob Chrysler das
überleben würde. Iacoccas Rede trug den Titel »Sie glauben also,
daß nur Sie in Schwierigkeiten sind?« Er sprach 60 Minuten lang,
und es war eine bewegende Rede.

Oftmals von Applaus unterbrochen, sprach er davon, daß
Chrysler seine Verwaltung von 40 000 auf 20 000 Mitarbeiter
verringert hatte und dennoch mehr Autos produzierte als in den
drei Jahren zuvor. Und es wurde schließlich auch ein bescheidener
Gewinn erzielt. Es war die Geschichte des Tellerwäschers, der zum
Millionär wird, projiziert auf die Unternehmensebene.

Seltsam erregt und voller Energie kehrte ich zu meinem Hotel
zurück. Meine Arbeit entspricht ganz und gar nicht der von
Iacocca. Er ist der Kopf eines großen Automobilunternehmens in
Detroit, und ich bin Psychotherapeut und Schriftsteller in Los
Angeles. Dennoch bewirkte Iacoccas Erfolgsgeschichte, daß ich
meine Arbeit wieder mit frischem Schwung und Hingabe anging.
Ein wichtiges psychologisches Prinzip kam hier in Atlanta zur
Wirkung:

Erfolgsgeschichten besitzen die eindeutige Fähigkeit, uns zu motivieren. Die 6. Regel, wenn Sie das Engagement Ihrer Mitarbeiter gewinnen möchten, lautet also:

Führen Sie Vorbilder an, um zum Erfolg zu motivieren.

Menschen, die uns zu überzeugen verstehen, sind stets große Geschichtenerzähler, denn sie wissen, daß wir uns eher durch Einzelbeispiele und persönliche Erfahrungen beeinflussen lassen als durch allgemeine Prinzipien. Morton Hunt sagt, daß sein Doktor ihm einmal geraten habe, ein bestimmtes Medikament gegen eine Krankheit einzunehmen. Er fragte, ob es denn gefährlich sei. ,,Der Arzt beschrieb mögliche Nebenwirkungen,'' sagt Hunt, ,,und ich war beruhigt. Dann fügte er hinzu: »Ich nehme es selbst auch« – erst dann war ich überzeugt.'' David J. Moine, ein Psychologe, der eine eigene Firma für Kommunikationstraining in Redondo Beach, Kalifornien, leitet, hat gezeigt, daß erfolgreiche Verkäufer realistische Beispiele verwenden, um ihren Zuhörern zu zeigen, daß eine andere Person bereits die Wahl getroffen hat, die sie selbst nun treffen sollen. Wenn ich mir ein neues Auto ansehe und der Händler mir von einigen Kunden erzählt, die kürzlich genau dieses Modell gekauft haben, dann wird dadurch mein Interesse am Kauf verstärkt.

Geschichten über andere Menschen überzeugen uns, da sie mehr unser Herz als unseren Verstand ansprechen. Sie sprechen in erheblichem Maß unser Gefühl an und bringen uns dazu, unsere Meinung zu ändern. Und wenn alles gesagt und getan ist, dann besteht die Kunst des Motivierens darin, Emotionen zu verstärken. Man appelliert mehr an das Unbewußte als an das Bewußte, eher an die rechte als an die linke Hirnhälfte.

Der Politologe James MacGregor Burns bemerkt in seinem mit dem Pulitzer-Preis ausgezeichneten Buch »Leadership« zu der geradezu unheimlichen Macht Mao Tse-tungs, daß dessen wahres Genie darin bestand, »die Emotionen anderer zu verstehen«. Und der beste Weg, diese Emotionen anzusprechen, besteht darin, über

Menschen zu sprechen, über ihre Kämpfe, ihre Konflikte und schließlich ihre Triumphe.

Der moderne Journalismus benutzt weitgehend die gleichen Methoden. »The Reader's Digest«, »People«, »Guideposts« – und sogar der berühmte »New Yorker« – sprechen alle den gleichen Instinkt in uns an: Wir wollen etwas über das Leben anderer Menschen wissen.

Der legendäre Held

Die meisten Bewegungen und Organisationen scheinen am besten zu florieren, wenn sie über irgendeine starke Leitfigur verfügen, die bestimmte Prinzipien verkörpert, die bis zur Basis durchsickern. Menschen wie Thomas Watson Sr. von IBM, A. P. Giannini von der Bank of America, Mary Kay Ash von Mary Kay Cosmetics oder Ken Olson von DEC besitzen eine mystische Dimension. Solche Legenden sind, wie Management-Experten versichern, äußerst wichtig, da sie das Wertesystem und die Kultur der Organisation vermitteln. Charles Steinmetz von General Electric ist ein gutes Beispiel. Als verkrüppelter österreichischer Einwanderer kam Steinmetz in jungen Jahren nach Amerika und arbeitete in Thomas Edisons Labor. Er war verantwortlich für Dutzende von Erfindungen, die immer noch von General Electric und anderen Unternehmen genutzt werden. Aber Steinmetz wird aus anderen Gründen verehrt. Wenn junge Ingenieure in die Firma aufgenommen wurden, lud er sie für ein Wochenende zu sich nach Hause ein, um herauszufinden, was für eine Art Mensch sie waren. Einmal adoptierte er sogar einen Ingenieur von General Electric als seinen Sohn und ließ ihn mitsamt seiner Familie bei sich einziehen.

Wenn solche Geschichten in dem informellen aber einflußreichen Kommunikationsnetz des Unternehmens zirkulieren, helfen sie General Electric's Philosophie der fairen Behandlung aller Mitarbeiter aufrechtzuerhalten. Mehr noch, das fast Gespenstische solcher Führungskräfte regt zu Höchstleistungen an. Ein Berater, der für General Electric arbeitete, wurde einmal an dem Labor vorbeigefahren, in dem Charles Steinmetz seine Experimente durchgeführt hatte. „Manchmal habe ich das Gefühl, als sehe ich dort drinnen noch die eingeschalteten Lichter und auch Steinmetz, wie er vor sich hinarbeitet", sagte der Fahrer. Auf diesen Mann und auf andere Angestellte, die Steinmetz niemals kennengelernt haben, übte er immer noch einen starken Einfluß aus und erinnerte sie an den Einfallsreichtum, den General Electric als wesentliches Merkmal des Wertesystems der Firma betrachtet.

Das Wertesystem von Schulen ist in der gleichen Weise geprägt. Ein Trainer wußte schon immer, daß er ein Team in den Griff bekam, wenn er von einer früheren Sportskanone der Schule sprach, etwa von den legendären Siegen Gippers. Die Lehrer täten gut daran, ähnliche Biographien in ihren Vorlesungen zu benutzen. Wenn man von früheren erfolgreichen Schülern spricht oder diese Absolventen sogar mit in den Unterricht bringt, kann das zu beachtlicher Motivation führen. Die Lehrer würden vielleicht entdecken, daß die Schüler mehr lernen, wenn man darauf verzichtet, den Stoff durchzunehmen, und stattdessen in der Vorstellung der Schüler Bilder wachruft, z.B. wie Lincoln vor dem Kamin über seinen Büchern brütet oder Madame Curie im Labor an den Geräten arbeitet.

Auch eine Familie tut gut daran, die jüngeren Mitglieder dadurch zu inspirieren, daß sie die Lebensgeschichte früherer Generationen wachhält. In den letzten drei Jahrzehnten vor ihrem Tod verwandte meine Großmutter viel Energie darauf, die Erlebnisse ihres Vaters, des Büffeljägers Frank J. Brown, niederzuschreiben. Sie veröffentlichte sogar zwei Bücher, vor allem zum Wohl Dutzender von Cousins und Urgroßenkeln. Einige aus unserer Familie dachten, sie sei zu sehr auf diese Aufgabe versessen, doch nun, da ich älter bin, erkenne ich, wie sehr das Leben und die Ideale ihres Vaters mein Denken beeinflußt haben. Ich ertappe mich sogar dabei, wie ich in den Büchern nachsehe, um eine bessere Vorstellung von mir zu bekommen, und ich bin mehr denn je entschlossen, diese Tradition auch fortzuführen. Harry Truman wurde einmal gefragt, wie er sich seinen politischen Erfolg erkläre. Er zeigte auf einige Bilder seiner Vorfahren an der

Wand und sagte schroff: „Ich bin von guter Abstammung und muß dem allem gerecht werden." Es liegt etwas Erhebendes darin, fest in der Vergangenheit verwurzelt zu sein und der eigenen Familie die Überzeugung zu vermitteln, daß sie in der Vergangenheit nicht verwirklichte Träume weiterverfolgt.

Der Held der Gegenwart

Neben den legendären Helden, über die wir sprachen, gibt es noch eine andere Art von Erfolgsgeschichten. Wer zu motivieren versteht, findet auch aktuelle Rollenvorbilder, die er der Gruppe als Beispiel vorhalten kann. Tatsächlich kann man so überaus wirkungsvoll den Mitarbeitern zeigen, was der Chef von ihnen verlangt.

Nehmen wir einmal an, daß Procter und Gamble auf einem bestimmten Markt mit scharfer Konkurrenz rechnen muß und daß der Verkaufsleiter sich zu einer aggressiven Vorgehensweise entschlossen hat. Es wäre möglich, diesbezüglich ein Merkblatt zu verschicken oder auf einer Verkaufsbesprechung zu diesem Thema eine Rede zu halten. Aber bei Procter und Gamble weiß man, daß die Nachricht wesentlich dramatischer vermittelt wird, wenn man einen Vertreter im Außendienst ausfindig macht, der genau das schon tut, was beabsichtigt ist, ihn in die Zentrale ruft, ihm zu seiner Verkaufsstrategie gratuliert, ihm auf die Schulter klopft und ihn in der Werkszeitung als »Verkäufer des Monats« vorstellt. Die offensichtliche Botschaft lautet: »Macht es ihm nach«, und diese Botschaft wird wesentlich deutlicher ankommen als jedes Schreiben, das eine neue Unternehmensstrategie ankündigt.

Wenn ich auf die Gespräche bei Tisch zurückblicke, mit denen ich aufwuchs, dann erkenne ich heute, wie wirkungsvoll mein Vater Vorbilder benutzte, um seine Söhne zu motivieren. Ihm, einem nachdenklichen und leise sprechenden Menschen, wäre es nie in den Sinn gekommen, uns Vorträge darüber zu halten, daß wir uns hervortun oder viel in der Schule lernen sollten. Aber bei Tisch sprach er von den Leuten in unserer kleinen Stadt, die er bewunderte — von einem Geschäftsmann, der abends Jura studierte, oder einem jungen Farmer, der Unterricht in Korrespondenz nahm. Er wollte sicher gehen, daß uns diese Menschen auffielen. Sowohl mein Bruder als auch ich erwarben den Doktortitel, und wenn ich zurückblicke, dann erkenne ich, wie stark uns unser Vater zum Erfolg motivierte. Er tat, was alle erfolgreichen Manager und Lehrer tun, — er vermittelte uns starke Wertvorstellungen, indem er uns Menschen aus Fleisch und Blut vorhielt, die diese Werte verkörperten.

„Was er kann, kannst du schon lange."

Wenn unser Vorgesetzter uns mit erfolgreichen Menschen konfrontiert, dann prägen sich dadurch nicht nur bestimmte Werte ein, sondern es überzeugt uns auch, daß wir ebenfalls erreichen können, was diese erreicht haben. Wenn wir sehen, daß ein anderer Erfolg hat, dann inspiriert uns das, auch erfolgreich zu sein.

Neun Jahre lag der Weltrekord über eine Meile bei knapp über 4 Minuten. Schon 1945 hatte sich Gunder Haegg dieser Barriere mit einer Zeit von 4:01.4 genähert. Aber viele Leute behaupteten, daß die Grenze der körperlichen Leistungsfähigkeit erreicht sei und daß es unmöglich sei, diese Mauer zu durchbrechen. 1954 schaffte es dann schließlich Roger Bannister mit 3:59.4. Und was war das Ergebnis? Sobald sich der Mythos vom »unüberwindbaren Hindernis« auflöste, wurde die 4 Minutengrenze attackiert und von vielen mit offensichtlicher Leichtigkeit unterboten. In kürzester Zeit wurde die 4 Minutengrenze 66 Mal von 26 verschiedenen Läufern unterboten! Wenn jemand das lediglich auf die Konkurrenz im Wettbewerb zurückführt, dann bleibt ein wichtiger Motivationsfaktor unberücksichtigt. Bevor die 4 Minuten unterboten wurden, gab es genausoviel Wettbewerb. Was die nachfolgenden Läufer aber von Bannister lernten, war, daß *es möglich war*. Eine Leistung, die zuvor unmöglich schien, war nun erreichbar. Und die konkrete

Tatsache, daß der Erfolg möglich war, motivierte sie zu immer besseren Zeiten.

Wenn man ein Treffen der Organisation von Mary Kay besucht, wird man dieses Prinzip immer wieder in Anwendung sehen. Eine Menschenmenge harrt Stunde um Stunde in atemloser Aufmerksamkeit aus und wird mehr und mehr angeregt – einfach durch das Erzählen von Erfolgsgeschichten. Diese Motivationstechnik ist tatsächlich überaus einfach. Die Leute gehen ans Mikrophon und erzählen von ihren Schwierigkeiten und ihren Triumphen. Die Botschaft klingt wie ein Refrain: »Wenn wir es geschafft haben, dann schaffst du es auch!« Sie zeigen Dias ihres neuen Zuhauses und ihrer Luxusautos, und sie erzählen im Grunde alle die gleiche Geschichte: »Wir haben aus dem Nichts angefangen. Du kannst das gleiche erreichen, wenn du nur fest genug daran glaubst und hart genug arbeitest«.

In ihrem hervorragenden Buch »Corporate Cultures« erklären E. Deal und Allan A. Kennedy dieses Phänomen sehr anschaulich:

Vorbilder sind Symbolfiguren, deren Taten über dem Durchschnitt liegen, aber nicht zu sehr. Sie beweisen – oft auf dramatische Weise – daß die Idee des Erfolges innerhalb des Menschenmöglichen liegt.

Der Optimist von der 5th Avenue

Ich habe mich schon immer gewundert, warum manche Kirchen erfolgreich sind und andere nicht, warum manche Prediger ihre Gemeinde begeistern und hoffnungsvoll nach Hause schicken, und andere dazu nicht in der Lage zu sein scheinen. Viele Intellektuelle äußern sich nicht gerade schmeichelhaft über Menschen wie Norman Vincent Peale, die die Religion der breiten Masse zugänglich machen. Sie kritisieren sie, weil sie einen blinden Optimismus zeigen und das Vorhandensein von Tragödien und Leid in der Welt ignorieren. Je länger ich aber in meinem Beratungsbüro sitze und Menschen zuhöre, denen alles über den Kopf wächst und die sich manchmal so fühlen, als würden sie ein drittes

Mal zusammenbrechen, desto mehr erkenne ich, daß niemand Unglück ignorieren kann, selbst wenn er es versucht, und daß jeder einen Ort braucht, wo er einmal in der Woche wieder aufgemuntert wird, wo ihm eine Perspektive vermittelt und er mit neuer Hoffnung gestärkt wird.

Als ich letztes Jahr an einem kalten Dezembersonntag in New York war, entschloß ich mich, zur Marble Collegiate Church zu gehen und als Kostprobe eine Predigt des Begründers des Positiven Denkens Dr. Peale zu hören. Die Menschen hatten über eine Stunde im Regen auf der 5th Avenue gewartet, um mit Sicherheit einen Platz zu ergattern, aber das schien niemanden zu stören. Als wir endlich in der Kirche waren, sangen wir mit Begeisterung die alten Kirchenlieder und lauschten den anderen Priestern, die aus der Bibel lasen. Als es dann Zeit für die Predigt wurde, schritt Dr. Peale langsam zur Kanzel. Er war 86 und führte diese Kirche seit 51 Jahren. Die Jahre schienen ihn gezeichnet zu haben. Ich dachte bei mir: *Wieso läßt er sich nicht pensionieren?*

Als er aber die Seite der Kanzel erreicht hatte, seinen Ellenbogen aufstützte und zu sprechen anfing, begriff ich, warum seine Gemeinde ihm nicht *erlauben* würde, in Pension zu gehen. Es war, als habe jemand einen Schalter umgedreht. Er richtete sich hoch auf, seine Augen wurden lebendig, und er hielt eine gewaltige Predigt über Sorgen und die geistlichen Prinzipien, die uns helfen können, Zweifel zu bewältigen. Er erzählte eine Geschichte nach der anderen von Menschen, die durch Gottes Hilfe ihre Schwierigkeiten gemeistert hatten. Als alles vorbei war und wir die Kirche verließen, schien jeder von uns aufrechter zu gehen und den Kopf höher zu halten.

Später gestand ich Peale, wie sehr mich seine Predigt berührt hatte und wie sehr ich seine Art bewunderte, Erfolgsgeschichten aneinanderzureihen, um die Aussage deutlich zu machen. Er fegte meine Komplimente einfach mit dem Einwand beiseite, daß er heutzutage in seinen Predigten nur »unzusammenhängendes Zeug« schwafle. Doch dann hielt er einen Moment inne und dachte über die Frage nach den Geschichten nach. „Nun'', sagte er, „die Leute kritisierten mich früher, weil ich so viele positive Anekdoten erzählte. Wenn man es recht bedenkt, werde ich schon lange nicht mehr deswegen angegriffen. Vielleicht lasse ich nach," sagte er mit einem Zwinkern. ,,Aber ich versuche, die Biographien berühmter Menschen in meinen Predigten zu verwenden, denn nirgendwo in der Bibel steht, daß wir uns im *Mißerfolg* üben sollen. Und der beste Weg, den ich kenne, um Menschen zu motivieren, besteht darin, ihnen zu zeigen, wie andere Männer und Frauen, die ihnen gleichen und die ähnliche Probleme wie sie hatten, damit fertiggeworden sind."

Wir haben in diesem Kapitel mehr als nur Vorbilder diskutiert. Wir wollen eine Atmosphäre der Begeisterung und der Hoffnung schaffen, und das erreicht man am wirkungsvollsten durch Geschichten über Menschen. David Kolb, Professor für Management an der Case Western Reserve University faßt das so zusammen: ,,Wenn ich sehe, daß die Menschen um mich herum Erfolge feiern, dann wird mein Verlangen nach Erfolg entfacht."

Im folgenden Kapitel werde ich einige spezielle Vorschläge unterbreiten, wie man Menschen helfen kann, aus kleinen Erfolgen größere zu machen.

8

Das Geheimnis
des wachsenden Erfolges

„Applaus ist der Ansporn für den edlen Geist."
C. C. Colton

Als Bette Nesmith, die alleinerziehende Mutter eines
9-jährigen Sohnes, in einer Bank in Dallas arbeitete, fiel sie nicht
besonders auf, und nichts deutete auf eine große Zukunft hin. Sie
war froh, eine Stelle als Sekretärin zu haben − 300 Dollar im
Monat war 1951 ein sehr gutes Gehalt −, doch sie hatte ein
Problem: Wie sollte sie die Fehler korrigieren, die sie mit ihrer
elektrischen Schreibmaschine machte? Nesmith war freischaf-
fende Künstlerin gewesen, und Künstler korrigieren nie, indem sie
den Fehler auslöschen − sie übermalen ihn einfach. Also braute
sie eine Flüssigkeit zusammen, die sie für das Übermalen ihrer
Tippfehler benutzen konnte.

Nach kurzer Zeit verwendeten alle Sekretärinnen des Hauses
die Flüssigkeit, die sie nun »Mistake Out« nannte. Ein Büro-
artikelhändler ermutigte sie, die Tinktur herstellen zu lassen, aber
die Marketingagenturen waren nicht sehr beeindruckt, und die
Firmen (darunter auch IBM) ließen sie kalt abblitzen. Doch die
Sekretärinnen fanden weiterhin an dem Produkt Gefallen, so daß
Frau Nesmiths Küche zu ihrer ersten Produktionsstätte wurde.

Nach und nach kamen Bestellungen herein, und sie engagierte
eine Studentin, die ihr beim Verkauf des Produkts half. Aber es
war nicht leicht für zwei unerfahrene Geschäftsfrauen. „Die Leute
werden niemals ihre Fehler übermalen," meinte ein Händler. Die
Geschäftsbücher zeigen, daß das Einkommen der Firma von

August 1959 bis April 1960 1 142,71 Dollar betrug und die Ausgaben sich auf 1 217,35 Dollar beliefen. „Ich weiß nicht, wie ich es geschafft habe", sagte Bette Nesmith. Sie arbeitete halbtags als Sekretärin, ging einkaufen und sparte 200 Dollar, um einen Chemiker zu bezahlen, der eine schneller trocknende Flüssigkeit entwickeln sollte.

Mit ihren kleinen, weißen Fläschchen, die das verbesserte Produkt enthielten, zog Nesmith durch das Land. Sie machte in kleinen Ortschaften und in großen Städten Station. Über die Ankunft in einer Stadt schrieb sie: „Ich nahm das Telefonbuch, schrieb die Namen der Händler auf und rief sie an. Wir gingen zu jedem Geschäft für Bürobedarf und ließen 12 Flaschen dort." Schließlich ging eine Flut von Aufträgen ein und die »Liquid Paper Corporation« verzeichnete einen reißenden Absatz. Als Nesmith die Firma 1979 verkaufte, brachten die kleinen, weißen Fläschchen 3,5 Millionen Dollar Gewinn im Jahr bei einem Umsatz von 38 Millionen Dollar, und die Gillet Co. bezahlte 47,5 Millionen Dollar für das Unternehmen.

Die erfolgreichsten Leute sind meist Bette Nesmith sehr ähnlich. Sie führen ein ziemlich normales Leben, bis plötzlich ein kleiner Erfolg eintritt. Dann machen sie, anders als normale Menschen, aus einem kleinen einen großen Erfolg. Sie besitzen, was ein Managementberater die »Wiederholertendenz« nennt. Das bedeutet, wenn sie erst einmal erfolgreich waren, dann trachten sie danach, das Erreichte in größerem Stil zu kopieren. Die Motivationsexperten ermutigen zu diesem Schneeballsystem des Erfolges. Sie studieren ihre Leute und suchen nach Stärken, die andere übersehen haben. Wenn sich in der Arbeit einer Person dann kleine Erfolge abzeichnen, wissen sie, wie man daraus größere Erfolge machen kann.

Hierzu paßt das jüdische Sprichwort: „Wenn das Glück hereintritt, biete ihm einen Platz an!"

Die 7. Regel, wenn man das Engagement seiner Mitarbeiter gewinnen möchte, lernt jede Führungskraft bereits in Seminaren und aus Büchern, und dennoch wird sie weitgehend mißachtet:

Beachten und belohnen Sie Erfolge.

Die Kunst des Lobens − im gängigen Jargon der Psychologen »positive Verstärkung« genannt − ist eine grundlegende Kunst, die jeder Vorgesetzte oder Lehrer beherrschen muß. In Kapitel 2 habe ich darauf hingewiesen, wie wichtig es ist, nur das Beste von jemandem zu erwarten, doch diese Regel meint etwas anderes. In einem früheren Abschnitt forderte ich eine positive Einstellung gegenüber den Fähigkeiten einer Person. Hier trete ich nun dafür ein, spezifisches Verhalten zu verstärken. Es ist ein Unterschied, ob man sagt: ,,Ich erwarte große Dinge von Ihnen'', oder: ,,Sie haben bei der Neuordnung dieser Abteilung saubere Arbeit geleistet''.

Die am häufigsten von Arbeitnehmern vorgebrachte Beschwerde lautet: ,,Ich bekomme niemals ein Feedback von meinem Chef − nur wenn etwas schiefgeht.'' Und die Jugendlichen, die in meinem Büro sitzen, sagen mir immer wieder: ,,Mein Vater regt sich fürchterlich auf, wenn ich in der Schule Mist baue, aber wenn ich eine gute Note nach Hause bringe, tut er so, als ob es nichts sei − als ob es nur das sei, was ich schon lange hätte erreichen sollen.''

In ihrem Buch »Der 01 Minuten Manager« schlagen Blanchard und Johnson vor, man solle häufige Pausen einlegen für das, was sie einminütige Belobigungen nennen. ,,Ertappen Sie Ihren Untergebenen dabei, wie er etwas korregt erledigt'', schlagen sie vor, ,,und geben Sie ihm sofort ein Kompliment dafür.''

Ein solch offenes Verhalten scheint sehr einfach zu sein, und wir alle wissen, daß man so wirkungsvoll die guten Leistungen unserer Kinder und Untergebenen verstärken kann. Aber halten Sie einmal inne und denken Sie nach. Wie lange ist es schon her, daß Sie sich volle 60 Sekunden Zeit nahmen, um mit Ihrem Sohn oder Ihrer Tochter über Positives zu sprechen, das diese gerade getan haben? Oder mit Ihrer Sekretärin oder den Managern,die für Sie arbeiten?

Wir sprechen hier über eine elementare Höflichkeit, die in jeder menschlichen Beziehung existieren sollte − wir sollten uns

Zeit nehmen, um den Menschen, die uns helfen, zu danken. Mein Freund Mike Somdal ist darin ein Experte. Ein Grund für seinen Erfolg im Geschäftsleben ist der, daß er die schwere Kunst beherrscht, die Leute zufrieden zu machen, indem er ihnen regelmäßig dankt. Oft ruft er einfach Kunden an, um ihnen nochmals für den Auftrag von letzter Woche zu danken, oder für die Empfehlung, die sie an einen anderen Kunden gaben, oder für ein Mittagessen oder für irgendetwas anderes. Und bevor das Gespräch zu Ende ist, hat Mike oft eine weitere Bestellung gesichert. Riefe er nur an, weil er sich insgeheim etwas erhofft, dann würden seine Klienten diese Manipulation erkennen und Widerstand leisten. Aber für Mike ist Dankbarkeit etwas ganz Natürliches, und diejenigen von uns, die Geschäfte mit ihm machen, schätzen diese Eigenschaft sehr hoch. Und wir reagieren darauf.

Lehrer haben die Angewohnheit, die Eltern erst zu benachrichtigen, wenn ein Schüler schlechte Leistungen zeigt. Aber sie täten gut daran, einen Teil ihrer Zeit darauf zu verwenden, die Eltern der Kinder anzusprechen, die sehr fleißig oder erkennbar besser geworden sind. Ein solcher offensichtlicher Respekt gegenüber Schülern spricht sich in der Schule herum und kann in großem Maße dazu beitragen, das Klima im Klassenzimmer zu beeinflussen.

Fast jeder von uns sehnt sich nach Anerkennung, und wenn jemand auftaucht, der uns aufrichtig dankt, dann werden wir ihm lange die Treue halten. „Der Applaus eines einzelnen Menschen," sagt Samuel Johnson, „hat beträchtliche Konsequenzen".

Das Bedürfnis zu siegen

Das alte Sprichwort »Nichts ist so erfolgreich wie der Erfolg« trifft zu und Peters und Waterman haben in ihrer Studie über die bestgeführten Unternehmen Amerikas herausgefunden, daß geschickte Organisationen von dieser Weisheit profitieren. Sie sind davon überzeugt, daß Mitarbeiter, die merken, daß sie gute Leistungen erbringen, auch hoch motiviert sind. Tüchtige

Unternehmen setzen deshalb Methoden ein, die fortwährend die Vorstellung verstärken, daß ihre Mitarbeiter zu den Gewinnern gehören. Wohin gegen nicht so erfolgreiche Unternehmen es fertigbringen, daß viele ihrer Mitarbeiter dauernd ums Überleben kämpfen müssen. IBM setzt zum Beispiel seine Leistungsquoten so fest, daß auf jeden Fall 70% bis 80% aller Vertreter jedes Jahr das gesteckte Ziel erreichen, während eine andere Firma (ein IBM-Konkurrent, der teilweise dieselben Produkte herstellt) ihre Quoten so festsetzt, daß nur 40% der Vertreter sie erreichen. ,,Die Methoden der erfolgreichen Unternehmen sind nicht nur darauf angelegt, eine Vielzahl von Siegern hervorzubringen," sagen Peters und Watermann, ,,sondern sie ermöglichen es auch, einen Erfolg zu feiern, wann immer er eintritt."

Die Kunst, Komplimente zu geben

Es gibt richtige und falsche Wege, Anerkennung auszudrücken und positives Verhalten zu verstärken. Hier sind einige Vorschläge, wie Sie Ihre Mitarbeiter loben sollten:

1. Drücken Sie Anerkennung öffentlich aus.
Ein Lob unter vier Augen ist nicht annähernd so wirkungsvoll wie eine öffentliche Ehrung. Ich werde niemals jenen Montagnachmittag während meines 2. Jahres an der High School vergessen. Ich wußte, daß ich am vergangenen Freitag besser als sonst Football gespielt hatte, und als wir uns zum Training versammelten, war ich gespannt, ob der Trainer meine guten Blocks bemerkt hatte. Er hatte sie nicht nur bemerkt, er teilte es zudem der gesamten Mannschaft mit. Es war kein großartiges Lob, denn ich war kein großartiger Spieler. Aber dennoch erinnere ich mich noch nach 35 Jahren, wie stolz ich war, als er einige Spieler wegen ihrer schlechten Leistungen kritisierte und dann sagte: ,,Dagegen ist Mc Ginnis ein anderer Fall. Was das Zusammenspiel angeht, da sind andere besser, aber am Freitag hat er sich wirklich ins Zeug gelegt." Ich kann mich Wort für Wort an alles erinnern, denn ich wollte unbedingt in dieser Gruppe akzeptiert sein, und als

mich der Trainer vor der ganzen Mannschaft lobte, merkte ich, daß ich in ihren Augen etwas bedeutete.

Wenn die Eltern bei Tisch ein Lob aussprechen, ist das wirkungsvoller als eine Anerkennung unter vier Augen, denn so erreichen sie, daß das Kind sich wohlfühlt vor einem Publikum. Und wenn Sie sich mit Ihren Mitarbeitern treffen, dann nutzen Sie diese Gelegenheit, ihnen zu danken. Wir alle tun so bescheiden und zögern, uns selbst zu rühmen, aber ich habe noch niemanden kennengelernt, der es nicht möchte, von *anderen* gelobt zu werden. Wenn in Ihrer Anwesenheit der Chef jemandem am Telefon von Ihrem Erfolg erzählt oder wenn Ihre Frau z.B. auf einer Partie erzählt, wie geschickt Sie gestern ein Problem mit den Kindern gelöst haben – das ist ein wahrhaft erhebendes Gefühl.

2. Benutzen Sie jeden Erfolg als Anlaß für eine Feier.

Meine Frau versteht sich aufs Loben, und wenn etwas nicht Alltägliches geschehen ist – wenn ein Buch nochmals aufgelegt wird oder ich ein Möbelstück in der Garage fertiggestellt habe – dann macht sie daraus eine große Sache. Sie begrüßt mich mit einer besonderen Liebkosung an der Tür, und dann steht sie vielleicht mit Tränen in den Augen vor mir und sagt mir, wie glücklich sie sei. Dann bereitet sie uns ein ganz besonderes Abendessen. Die besten Familien feiern oft, wenn einer von ihnen etwas vollbracht hat. Das Leben ist manchmal trostlos für die Menschen um uns herum, und wir können ihr Dasein viel angenehmer machen und auch ihre Leistungsfähigkeit steigern, wenn wir jede Gelegenheit zum Feiern wahrnehmen.

3. Verbinden Sie Ihre Anerkennung mit einer Geste, um ihr dadurch Gewicht zu verleihen.

Eine der sinnvollsten Investitionen, die ein Arbeitgeber tätigen kann, ist der Kauf von Geschenken für die Mitarbeiter. Wenn das Schenken zu einem Ritual wird wie an Weihnachten, dann bedeutet es nicht soviel, als wenn Sie nach Abschluß eines Projekts Ihre Mitarbeiter zum Essen einladen und Geschenke als Zeichen Ihrer Anerkennung verteilen oder wenn Sie insgeheim Ehrenplaketten für die Bürowände anfertigen lassen. Von Thomas

Watson Sr, einem Manager von IBM, der aufgrund seiner Funktion ständig im Betrieb unterwegs war, wird behauptet, daß er es sich zu eigen gemacht hatte, auf der Stelle für besondere Leistungen, die ihm auffielen, einen Scheck auszustellen. Bei der Arbeit an ihrem Buch über Spitzenleistungen im Wirtschaftsleben fanden Peters und Waterman viele Beispiele, daß ein solcher Bonus an Ort und Stelle erteilt wurde. Die Foxboro Corporation benötigte in ihren Anfängen dringend eine technische Innovation, um überleben zu können. Eines späten Abends eilte ein Wissenschaftler mit einem funktionierenden Prototyp in das Büro des Präsidenten. Dieser war verblüfft von der Eleganz der Lösung, wußte aber nicht, wie er das belohnen sollte. Er beugte sich in seinem Sessel vor, durchwühlte fast alle Schubladen seines Schreibtisches, fand etwas, lehnte sich über den Schreibtisch und sagte zu dem Wissenschaftler: ,,Hier, nehmen Sie das!" In der Hand hatte er eine Banane, die einzige Belohnung, die er in der Eile finden konnte. Von dieser Zeit an war die kleine Ansteckadel mit der »Goldenen Banane« bei Foxboro die höchste Auszeichnung für eine wissenschaftliche Lösung.

4. Formulieren Sie Ihre Anerkennung schriftlich.

Eine Mitteilung und besonders ein handgeschriebener Brief besitzen beinahe schon magische Kraft. Wenn Sie für eine Person wichtig sind, und Sie nehmen sich die Zeit, ein Anerkennungsschreiben zu schicken, dann kann diese Geste sehr viel Positives bewirken. Manchmal kann man die Wirkung dieser Geste noch verdoppeln, wenn man statt an die betreffende Person an jemand anderes schreibt. Ich habe einen Freund, der viel unterwegs ist. Wenn ein Angestellter der Luftfahrtgesellschaft ihm einen Gefallen erweist, dann dankt er ihm nicht nur direkt, sondern erkundigt sich auch nach dem Namen des Vorgesetzten und schickt diesem eine Nachricht, wenn er wieder zu Hause ist. Dies hat mit Sicherheit mehr Gewicht als jeder andere Ausdruck des Dankes an den Angestellten.

5. Gehen Sie ins Detail, wenn Sie ein Lob aussprechen.

Ein unverbindliches »Auf die Schulter klopfen« und der Ausspruch „Sie leisten gute Arbeit" sind nicht annähernd so wirksam wie eine detaillierte Anerkennung. „Mir gefällt es sehr, wie du auf deinem Bild die Farben für den Baum verwendet hast!" bewirkt bei einem 5-jährigen mehr als die Bemerkung: „Das ist aber ein hübsches Bild!" Es beweist, daß Sie sich das Bild sorgfältig angesehen haben. Darüberhinaus verstärken Sie ein bestimmtes Verhalten. Nehmen wir einmal an, Ihre Belegschaft hat erfolgreich einen großen Auftrag an Land gezogen. Sie weiß vielleicht nicht so genau, wieso sie dieses Mal Erfolg hatte, und ein anderes Mal nicht. Es ist deshalb wichtig, daß Sie deutlich machen, was Ihnen an der Präsentation gefallen hat, und daß Sie zudem zu erkennen geben, daß Ihnen aufgefallen ist, wie alle an einem Wochenende, als es darauf ankam, Überstunden gemacht haben, um dem Angebot den letzten Schliff zu geben.

Karen Pryor erzählt von ihrer Freundin Annette, die es versteht, andere zu trösten, und mit Sympathie und Rat zur Seite steht, wenn man in Schwierigkeiten ist. „Aber besonders bei guten Nachrichten bedient sich Annette einer ungewöhnlichen Verstärkung," sagt Frau Pryor. „Wenn man ihr sagt, daß die Bank den Kredit bewilligt hat, dann antwortet sie nicht nur »Das ist toll!« sondern zeigt bis ins Detail, wieso man diese gute Nachricht auch verdient. „Siehst du?" würde Annette antworten. „Erinnere dich an den ganzen Ärger, den du mit der Telefongesellschaft und mit der Besorgung des Flugtickets hattest! Jetzt zahlt es sich aus; du wirst als gute Geschäftsfrau anerkannt. Aber du mußtest erst das Richtige tun, und das hast du auch getan. Ich bin wirklich stolz auf dich." „Das", sagt Frau Pryor, „ist mehr als eine Anerkennung, das ist eine Verstärkung."

Jenseits von Zuckerbrot und Peitsche

Immer mehr Vorgesetzte erkennen, daß sie sich nicht allein auf Belohnung und Strafe verlassen können, sondern daß sie andere psychologische Methoden einsetzen müssen, um andere zu Spitzenleistungen zu beflügeln. Tatsächlich zeigen viele Untersuchungen, daß die Zuckerbrot-Methode nur begrenzt wirksam ist und zu viel Belohnung die Motivation schwächt. Ein Spieler der oberen Baseball-Liga drückte es so aus: „Ich spielte sehr gern Baseball, bis ich dafür bezahlt wurde." Wenn eine Aufgabe einem Menschen innere Befriedigung verschafft, (das heißt, wenn er sie rein aus Spaß an der Sache erledigt), dann wird eine zu starke äußere Verstärkung (z.b. ein finanzieller Bonus für Angestellte oder Süßigkeiten für Schüler) die innere Motivation verringern. Raymond J. Wlodkowski von der Universität von Wisconsin warnt vor der Gefahr, den Stellenwert einer Aufgabe dadurch herabzusetzen, daß man zu viele solcher Zuckerbrote einplant. Seiner Meinung nach besteht dann die Gefahr, daß man Schüler zu Verstärkungssüchtigen macht, die immer etwas Zusätzliches benötigen, um zu lernen .

Andererseits hat eine mündliche Anerkennung − die dazu dient, den Schülern oder Angestellten zu zeigen, daß man deren Arbeit sieht und auch auf die Qualität achtet − eine viel stärkere Wirkung. Wenn man gute Qualität lobt, dann bewirkt man die Wiederholung einer solchen Leistung.

Ich habe einige Zeit damit verbracht, die Methoden einer Marketinggesellschaft zu studieren, die vor weniger als 30 Jahren entstand und sich immer noch im Besitz der beiden Gründer Jay Van Andel und Rich DeVos befindet. Im vergangenen Jahr hatte das Unternehmen einen Umsatz von 1 Milliarde Dollar. Wie konnte ein Unternehmen in so kurzer Zeit so enorm expandieren? Da gibt es offensichtlich viele Gründe, aber eines der am konsequentesten verfolgten Prinzipien (das viele weniger erfolgreiche Firmen weitgehend mißachten) lautet, daß sie alles daran setzen, die Erfolge ihrer Händler zu feiern. Man kann in diesem Unternehmen kaum etwas halbwegs korrekt machen, ohne daß es bemerkt und gelobt wird. Bei Familientreffs z.B., − das sind Wochenendtreffen, die in großen Hotelsälen stattfinden − versammeln sich 1000 Händler, führen anregende Gespräche und besuchen Vorträge und Seminare. Das wichtigste Ereignis bei diesen Zusammenkünften ist aber eine ausführliche Anerkennungszeremonie. Viele Geschenke werden verteilt, und die Menge erhebt sich ein ums andere Mal, und applaudiert, wenn Mitarbeiter auf die Bühne geführt und die erbrachten Leistungen verkündet werden. Ich habe selten vor einem Publikum gesprochen, das so viel klatschte, und jeder scheint es als wichtig anzusehen, daß man einander Beifall spendet. Die Firmeninhaber legen sehr viel Wert darauf, bei diesen Treffen anwesend zu sein, und Rich DeVos sagt: „Ich habe einen der besten Jobs auf der Welt, denn ich verbringe die Hälfte meiner Zeit damit, umherzuziehen und andere Menschen zu loben."

Formung (Shaping)

Man kann natürlich solche Belobigungen derart übertreiben, daß sie bedeutungslos werden. Das ist genauso schlecht wie übermäßiges Kritisieren und Maßregeln. Nehmen wir an, Sie wollen einem Pferd beibringen, auf einem Knie niederzuknien. Während dieses Lernprozesses füttern Sie zunächst das Pferd jedesmal, wenn es eine Teilbewegung korrekt ausführt. Wenn das gewünschte Verhalten dann erlernt ist, sollte die Belohnung nur noch ab und zu gegeben werden. Eltern und Vorgesetzte sollten sich an dieses Prinzip der Formung erinnern. Wenn sich einmal gute Gewohnheiten eingeschliffen haben, dann ist es schädlich, den anderen jedes Mal dafür zu loben.

Eine weitere Warnung ist hier angebracht. Manchmal können wir Schaden verursachen, wenn wir nur das Endresultat einer Handlung loben statt die Handlung selbst. Es ist z.B. möglich, die Begeisterung eines Menschen für etwas (z.B. das Lernen) zu untergraben, wenn man am Ende zu viel lobt. Man kann diese Falle umgehen, wenn man erstens periodisch Verstärker einsetzt und zweitens den Betreffenden sowohl für die Handlung als auch für das Ergebnis Anerkennung zollt. Der Satz „Ich bewundere es, wie sie sich anstrengen", kann Gold wert sein für jemanden, der sich festgefahren hat und sich seines Erfolges nicht sicher ist.

Schließlich müssen die anderen spüren – besonders Kinder – daß man sie dafür liebt, daß es sie überhaupt gibt, als auch für das, was sie tun. Ein Mann saß einmal in meiner Praxis und schluchzte hemmungslos wegen seiner Ehe, die in erster Linie deshalb zerbrochen war, weil er ein reines Arbeitstier war. Er war zu mir gekommen, um von dieser Sucht nach Arbeit loszukommen. „Aber ich möchte nicht meine Kindheit aufarbeiten", sagte er. „Ich kann diese Leute nicht ausstehen, die zu irgendeinem Psychiater gehen und danach alles auf ihre Eltern schieben." Ich stimmte ihm zu, daß es nichts bringen würde, diese verantwortlich zu machen, erklärte ihm aber, daß wir in der Therapie manchmal unsere Kindheit erforschen müssen, um zu begreifen, wie wir zu unseren heutigen Gewohnheiten gekommen sind. Es geht nicht darum, jemanden zu beschuldigen, sondern herauszufinden, wie wir dorthin gelangt sind, wo wir heute stehen, sodaß wir korrigierend eingreifen können, um die jetzige Situation zu ändern.

Er atmete sichtlich auf und begann mit einer Beschreibung seiner Eltern. Diese waren sehr streng, Arbeit war für sie das höchste Gut. „Meine Eltern waren nie zärtlich zu mir", sagte er, „sie waren der Meinung, daß man Kinder verdirbt, wenn man sich ihrer rühmt. Deshalb wurden weder meine Schwester noch ich gelobt − außer wenn wir hart arbeiteten. Wenn ich samstags den Rasen besonders sauber gemäht hatte, wußte ich, daß entweder Mutter zu Vater oder er zu ihr sagen würde: »Hat Hans heute den Rasen nicht schön gemäht?« Ich glaube, Kinder tun alles, um Streicheleinheiten zu bekommen, vor allem, wenn sie sich so danach sehnen wie ich damals. Deshalb mähte ich immer wieder jeden Samstag den Rasen und arbeitete all die Jahre, die ich auf der Oberschule war, in dem Laden nebenan. Als ich dann heiratete, dachte ich, daß diese neue Frau in meinem Leben mich gern haben würde, wenn ich hart arbeitete − genauso wie die andere wichtige Frau es getan hatte. Aber da täuschte ich mich. Ihr wäre es lieber gewesen, wenn ich mit ihr abends vor dem Fernseher gesessen hätte; doch irgendwie konnte ich das nie glauben."

Das ist eine tragische Geschichte. Wir können solche Mißverständnisse bei unseren Kindern vermeiden, wenn wir ihnen immer etwas Zuneigung und Lob spenden − und zwar ganz unabhängig davon, was sie tun. Sie müssen erkennen, daß sie selbst etwas wert sind − und nicht nur dann, wenn sie unsere Erwartungen erfüllen oder unsere Regeln befolgen.

Auf Verbesserungen achten

Die aufmerksame Führungskraft wird immer nach Anzeichen für einen positiven Wandel Ausschau halten. Es gibt nichts Entmutigenderes, als sich mit viel Mühe zu ändern und dann festzustellen, daß unsere Vorgesetzten diesen Wandel nicht bemerken. Allzu oft nehmen sie an, wir hätten immer noch die gleichen schlechten Angewohnheiten und Einstellungen wie im vergangenen Monat, obwohl wir in Wahrheit jetzt vielleicht ganz anders sind.

A. W. Brown berichtet von einem herzzerreißenden Vorfall. Ein kleines Mädchen hatte sich oft schlecht benommen, und seine Mutter mußte es immer wieder zurechtweisen. Aber eines Tages hatte sich das kleine Mädchen besonders angestrengt und hatte nichts Sträfliches getan. Am Abend, nachdem die Mutter sie ins Bett gesteckt hatte und gerade die Treppe hinuntergehen wollte, hörte sie ihre Tochter schluchzen. Sie ging zurück und fand das Mädchen mit dem Kopf im Kissen vergraben. Unter Schluchzen fragte ihre Tochter: „War ich heute nicht ein recht liebes Mädchen?" „Diese Frage durchbohrte mich wie ein Messer," sagte die Mutter. „Ich war immer schnell mit Zurückweisungen bei der Hand, wenn sie etwas falsch gemacht hatte; wenn sie aber versucht hatte, sich zu benehmen, dann hatte ich das nicht bemerkt. Ich hatte sie ohne ein Wort der Anerkennung zu Bett gebracht."

Sich auf Erfolge konzentrieren

Wer zu motivieren versteht, weiß, daß man deshalb Leistung anerkennt, weil dies dem anderen hilft, sich als jemanden zu sehen, der Erfolg hat, und weil ein solches mentales Training ohne Zweifel das Leistungsverhalten positiv beeinflußt.

Arthur Gordon erzählte von einer Jagd an einem milden Dezembernachmittag im Süden Georgias folgendes:

„Eine einläufige 20-er Schrotflinte, die ich zu Weihnachten bekommen hatte, hatte mich zum stolzesten 13-jährigen in ganz

Georgia gemacht. Auf meiner ersten Jagd erwischte ich dazu noch, durch einen glücklichen Zufall, den ersten Vogel, auf den ich zum Schuß kam. Ich platzte beinahe vor Aufregung und Stolz. Die zweite Jagd verlief gänzlich anders. Mein Begleiter war ein ältlicher Richter, ein Freund meines Vaters. Er sah eher aus wie ein Bluthund mit seinem zernarbten, braunen Gesicht, den etwas zusammengekniffenen Augen, und er besaß natürliche Toleranz, die man annimmt, wenn man die Menschen von ihrer schlechtesten Seite kennt und sie dennoch mag. Es war mir etwas unbehaglich, mit dem Richter auf die Jagd zu gehen, denn ich hatte Ehrfurcht vor ihm und wollte ihm besonders imponieren. Und so marschierte ich geradewegs auf eine Erniedrigung zu.

Wir entdeckten viele Vögel, und der Richter traf immer ein oder zwei, wenn sich ein Schwarm erhob. Ich jedoch ging leer aus. Ich probierte alles: Ich schoß darüber, darunter, zu früh, zu spät. Nichts half. Und je öfter ich daneben traf, desto verkrampfter wurde ich. Dann erspähte Doc, unser alter Jagdhund, eine Wachtel in einer Palmengruppe. Er zitterte und sein langer Schwanz erstarrte. Etwas in mir erstarrte auch, denn ich war sicher, daß ich eine erneute Schmach erleiden würde.

Diesmal winkte mich der Richter jedoch nicht vorwärts, sondern legte sein Gewehr vorsichtig auf den Boden. ,,Wir wollen uns eine Minute setzen'', schlug er vor . . . Dann sagte er langsam: ,,Dein Dad hat mir erzählt, daß du neulich die erste Wachtel, auf die du geschossen hast, auch erwischt hast. Stimmt das?''

,,Ja, Sir,'' antwortete ich kläglich, ,,es war wohl nur Glück, denke ich.''

,,Vielleicht'', sagte der Richter. ,,Aber das macht nichts. Kannst du dich erinnern, wie es genau passiert ist? Kannst du deine Augen schließen und dir alles genau vorstellen?''

Ich nickte, denn es stimmte. Ich konnte mich an jedes Detail erinnern: wie der Vogel vor meinen Füssen senkrecht nach oben stieg, wie ihm das Gewehr scheinbar von selbst folgte, die Woge freudiger Erregung und die wohlige Wärme des Stolzes . . .

,,Nun denn'', sagte der Richter ruhig, ,,bleib einfach hier sitzen und wiederhole in Gedanken ein paarmal diesen Schuß. Dann schleichst du dorthinüber und schießt den Vogel ab. Denk nicht an mich oder den Hund noch an sonstwas. Denk nur an diesen einen fantastischen Schuß von neulich – und paß auf, daß du dir nicht selbst im Wege stehst". Als ich tat, was er verlangte, war es, als käme eine völlig neue Kombination von Reflexen ins Spiel. Die Wachtel stob auf, das Gewehr folgte, sanft und sicher, als ob es ein eigenes Leben und einen eigenen Sinn besäße.

Sekunden später legte Doc mir den Vogel zu Füßen.

Ich wollte weitermachen, doch der Richter sicherte sein Gewehr. „Das genügt für heute, mein Sohn," sagte er. „Den ganzen Nachmittag hast du dich auf Mißerfolge konzentriert. Ich möchte, daß du nun den Erfolg im Gedächtnis behälst."

„Das war," sagte Gordon, „in nur zwei Sätzen der beste Rat, den ich je gehört habe."

Was der Richter für Gordon tat, gleicht dem, was wir oft für unsere Patienten in der Psychotherapie zu tun versuchen. Sie kommen in unsere Praxis, verletzt durch irgendein kürzliches Versagen, und haben ein niedriges Selbstwertgefühl.

Sie fühlen sich, als könnten sie nichts richtig machen, und tatsächlich neigen sie auf Grund eines solchen negativen Selbstkonzepts dazu, diese Selbstprophezeihung auch zu erfüllen. Um diesen Trend umzukehren, bitten wir sie, sich zu erinnern und Erfolgssituationen nochmals zu durchleben. Wenn sie ziemlich niedergeschlagen sind, dann brauchen sie ein wenig Anstoß, um sich die Zeiten zu vergegenwärtigen, in denen es ihnen gut ging. Wenn sie dann aber den Mund aufmachen und die gespeicherten Erinnerungen an bessere Zeiten abspulen, dann ist es erstaunlich, wie sie sichtlich aufleben. Oft denken sie nur noch zwanghaft an die Fehlschläge der letzten Zeit und vergessen darüber die guten Jahre.

Kann man auch zuviel Selbstvertrauen vermitteln?

Dave Grant, der für viele Führungskräfte aus der Wirtschaft Kurse zum Thema Höchstleistungen abhält, sagt, daß oft nach dem Seminar Manager zu ihm kommen und äußern: „Wissen Sie, wir wollen nicht, daß unsere Mitarbeiter sich zu gut fühlen, denn sonst kommen sie und wollen mehr Gehalt oder einen besseren Job. Manchmal muß man sie etwas dämpfen, und es schadet nicht, wenn man es so einrichtet, daß sie ab und zu mal versagen."

Was für eine bemitleidenswerte Art, eine Organisation zu führen – als ob Mitarbeiter Kleinkinder seien, bei denen die Gefahr besteht, daß man sie verdirbt. Die besten Vorgesetzten gehen völlig anders vor: Sie tun alles, damit ihre Leute Erfolg haben und in ihrem Tun selbstsicher werden. W. Somerset Maugham sagte: „Die landläufige Vorstellung, daß Erfolg die Menschen verdirbt, sie eitel, egoistisch und selbstzufrieden macht, ist falsch; im Gegenteil, sie werden meistens bescheiden, tolerant und sicher. Mißerfolg verbittert den Menschen und macht ihn grausam!"

Unsere Aufgabe ist es deshalb, den Menschen zu helfen, aus ihren kleinen Erfolgen große zu machen. Ein Weg, dies zu unterstützen, besteht darin, die 7. Regel zu beachten: Beachten und belohnen Sie Erfolge.

9

Wann man loben und wann man kritisieren soll

„Es gibt Mütter, die küssen, und Mütter, die schimpfen, doch beides ist Ausdruck der gleichen Liebe, und die meisten Mütter küssen und schimpfen gleichzeitig."

Pearl S. Buck

Einige Vertreter des positiven Denkens sind der Ansicht, daß man Menschen nur dann zu Leistung veranlassen kann, wenn man sie positiv verstärkt. Doch Lob ist nur eine von vielen Arten des Motivierens. Wir sind komplizierte Geschöpfe, und wir werden durch eine Vielzahl komplexer Reize motiviert.

Auf einem Seminar hörte ich einmal einen Motivationsexperten sagen, daß es nur zwei Wege gebe, Menschen zu motivieren: entweder durch Liebe oder durch Angst. Und der einzig effektive, behauptete er, sei die Liebe. Das ist zu verkürzt und daher Unsinn. Zum einen werden wir durch wesentlich mehr Dinge als durch Liebe und Angst motiviert, und zum anderen ist Angst ein ziemlich wirkungsvolles Mittel, Menschen zu Höchstleistungen zu veranlassen. Tagtäglich tun wir Dinge, weil die Angst uns motiviert. Wir vermeiden ein bestimmtes Verhalten am Arbeitsplatz, um ihn nicht zu verlieren. Wir halten eine bestimmte Geschwindigkeit ein, weil wir die Folgen fürchten, wenn wir es nicht tun. Es ist dumm, auf eine Welt zu hoffen, in der man nicht durch Angst motiviert wird, und es ist mehr als töricht, wenn man versucht, eine Familie zu schaffen, in der keinerlei Bestrafung existiert, oder ein Büro, in dem Mitarbeiter nicht kritisiert werden.

Wir sollten dem Zuckerbrot vor der Peitsche den Vorzug geben, aber ohne Peitsche geht es nicht.

Die 8. Regel, wenn Sie das Engagement Ihrer Mitarbeiter gewinnen möchten, lautet deshalb:

Benutzen Sie eine Mischung aus positiver
und negativer Verstärkung.

Als John Wooden an die UCLA (Univ. of California, Los Angeles) kam, hatte das Basketballteam gerade die Saison mit 12:13 Punkten verloren. Er machte sich sofort daran, das zu verwirklichen, was als spektakulärster Rekord in die Geschichte des Hochschulsports eingehen sollte. Als John Wooden 1975 in Pension ging, hatte er das UCLA Basketballteam in 12 Jahren zu 10 nationalen Meistertiteln geführt, ein Rekord, den kein anderer Trainer erreichte. Man nannte ihn den »Zauberer von Wetwood«, denn er konnte sowohl mit hochgewachsenen als auch mit kleinwüchsigen Spielern gewinnen. In einem Jahr war sein Team das mit der vergleichsweise kleinsten Körpergröße, das je einen nationalen Wettkampf gewonnen hatte.

In der Saison 1974/75 studierten die zwei Wissenschaftspsychologen Roland G. Tharp und Roland Gallimore Woodens Trainingsmethoden in allen Einzelheiten. Nachdem sie 15 Trainingseinheiten beobachtet hatten, um zu sehen, wie er mit seinen Spielern auf dem Spielfeld sprach, fanden sie, daß im Gegensatz zu den Techniken, die von vielen Verhaltenspsychologen gutgeheißen werden, das Lob bei Woodens Trainingsmethode nur eine untergeordnete Rolle spielte.

Ausschließlich positive soziale Verstärkung, verbal und nonverbal, prägte sein Verhalten nur zu 7%, negative Bemerkungen hingegen zu 14,6%. Das bedeutet, daß Wooden doppelt soviel schimpfte wie lobte.

Aber es ist wichtig, die Präzision seiner negativen Bemerkungen zu beachten. Die Forscher nannten sie »Schimpfen/Anweisungen«. Das heißt, er sagte oft: „Mach es nicht so, sondern so", und dabei zeigte er, wie man es richtig macht.

Wooden bestrafte nie und war auch niemals gemein; er setzte nie eine körperliche Bestrafung, wie z.b. Rundenlaufen ein, aber manchmal konnten seine Zurechtweisungen vernichtend sein: „Ich erzähle einigen von euch nun schon seit drei Jahren, daß ihr euch beim Wurf nicht so nach oben winden sollt! Gebt in Brusthöhe ab!"

Das Beispiel John Woodens gibt uns einige Hinweise, wie man negative Verstärkung auf ganz bestimmte Weise einsetzen kann:

1. *Stellen Sie sicher, daß Sie dem anderen beibringen, ein bestimmtes Verhalten zu vermeiden — und nicht Sie.* Wooden war immer um ein herzliches, vertrauensvolles Verhältnis zu seinen Spielern bemüht und sagte ihnen oft, daß, abgesehen von seinen Kindern, sie ihm am nächsten stünden. Deshalb konnte er sich so viel Kritik und Schimpfen auf dem Spielfeld erlauben.

Wenn unsere Mitarbeiter ihre Arbeit in ständiger Angst vor unserem Zorn erledigen, dann werden sie nicht viel leisten. Wir wollen, daß z.b. unsere Kinder eher *die Konsequenzen bestimmten Verhaltens fürchten*, als daß sie uns fürchten. Man kann einem Kind ruhig und sachlich klarmachen, daß das Leben eine Folge von Entscheidungen darstellt und daß bestimmte Entscheidungen zu bestimmten Resultaten führen. Unbefriedigende Noten bewirken, daß man Privilegien verliert, und bei einem bestimmten Verhalten wird man auch bestraft. Es ist eine wichtige Lektion für sie, so früh wie möglich folgendes zu lernen:

Wenn du die heiße Herdplatte berührst, verbrennst du dich, und wenn du ein schlechtes Zeugnis heimbringst, dann wird das ein Nachspiel haben.

Diese Vorgehensweise unterscheidet sich völlig von der des Tyrannen. Bestimmte Führungskräfte sind unberechenbare Hitzköpfe. Wenn man das Pech hat, sie in einem ungünstigen Augenblick zu erwischen, dann bekommt man Schwierigkeiten. Sie sind rachsüchtig und tun alles, einen bloßzustellen, wenn man sie enttäuscht hat. Wer sich hingegen aufs Motivieren versteht, mag zwar hart sein, aber er ist immer fair, und er setzt sich immer für das Wohl des einzelnen und der Organisation ein. Er vergeudet seine Zeit nicht mit Rachefeldzügen.

2. *Korrigieren Sie sofort unerwünschtes Verhalten.* Wenn das herkömmliche Bestrafen einen Fehler hat, dann den, daß die Strafe oft erst zu spät auf das Verhalten folgt, so daß es dieses nicht zu ändern vermag. Tatsächlich halten einige Forscher es für notwendig, zwischen Bestrafung, die nach dem Ergebnis kommt (in der Gesetzgebung oft Jahre nach dem Vorfall) und negativer Verstärkung zu unterscheiden. Letzteres erfolgt sofort. Die meisten Studien zeigen, daß man, wenn man jemand bestraft, dessen Verhalten nur unterdrückt. Und das funktioniert nur, wenn wir anwesend sind und weitere Strafen androhen können. Sind wir weg und es besteht keine Gefahr, erwischt zu werden, dann zeigt sich das alte Verhalten wieder.

Man vergleiche das mit Woodens Technik. Er schimpfte oft, aber er tat es so frühzeitig, daß das Verhalten auf der Stelle verändert werden konnte. Und wenn er mehrere Male seine »Schimpfen/Anweisung – Methode« wiederholte, dann änderte sich das Verhaltensmuster. Es ging ihm darum, Gewohnheiten einzuschleifen.

3. *Achten Sie darauf, den negativen Anreiz sofort auszusetzen, wenn das Verhalten sich nicht mehr zeigt.* Nehmen wir an, Ihr Kind bringt ein schlechtes Zeugnis nach Hause. Sie antworten mit einem Monat Fernsehverbot. Ein Monat ist eine lange Zeit, und es dauert sogar noch länger, bis das nächste Zeugnis fällig ist. Die Bestrafung ist also jetzt nicht sehr motivierend. Und was geschieht, wenn das nächste Zeugnis noch schlechter ist? Normalerweise sagen wir nicht: „Hm, bestrafen nützt nicht, probieren wir etwas anderes!" Stattdessen erhöhen wir die Strafe und lassen das Kind diesmal länger leiden. Das wird zu einem Teufelskreis und damit immer wirkungsloser. Wie Victor Cline in seinem Buch »How to Make Your Child a Winner« sagt: „Wenn man das Fahrrad oder Auto für 30 anstatt für 3 Tage wegnimmt, ist das nicht 10 mal so effektiv. In Wahrheit ist es mehr oder weniger ineffektiv. Warum? Der dreitägige Verzicht auf das Fahrrad oder Auto unterstreicht wirkungsvoll Ihr Anliegen. Und zudem können Sie nach drei Tagen das Fahrzeug wieder als effektive Abschreckung oder als Druckmittel benutzen."

Falls eine negative Verstärkung nötig sein sollte, sollten Sie dem Betreffenden auf alle Fälle die Möglichkeit geben, die Situation zu verbessern. Claire, eine kluge 16-jährige, sollte wegen Schulschwänzens, schlechter Noten und Streitereien mit der Mutter von der Schule gewiesen werden. Sie drohte, von zu Hause fortzulaufen. Zur Strafe hatte ihre Mutter ihr alles Geld weggenommen und ein Telefon- und Ausgehverbot verhängt. Doch die Situation verschlimmerte sich nur. Hier der Plan, der mit der Mutter und der Tochter ausgearbeitet wurde: Wenn die Schule jeden Tag mitteilte, daß Claire in allen Unterrichtsstunden dagewesen war, durfte sie an diesem Tag das Telefon benutzen; bei 4 Benachrichtigungen pro Woche durfte sie eine Verabredung am Wochenende treffen und bei 5 Mitteilungen zwei Verabredungen. Die Mutter war erst sehr skeptisch, doch der Plan hatte unglaublichen Erfolg. Die Lektion war folgende: Als Claire durch den Verlust von Privilegien bestraft wurde, zeigte sie keinerlei Wandel, bevor ihr nicht ein genauer Weg aufgezeigt wurde, auf dem sie die Privilegien zurückerlangen konnte.

   4. Eine letzte Empfehlung. *Wenn die Kontrolle durch negative Reize nicht zu funktionieren scheint, dann sollten Sie versuchen, das Nichtvorhandensein des Verhaltens zu verstärken.* Das heißt, Sie sollten alles positiv verstärken, nur nicht das unerwünschte Verhalten. Karen Pryor erzählt in ihrem Buch »Don't Shoot the Dog«, wie sie mit dieser Methode das Verhalten ihrer Mutter am Telefon veränderte. Ihre Mutter war in ihrer Jugend eine faszinierende, geistreiche Frau gewesen. Als sie jedoch als Invalide in einem Heim lebte, redete sie am Telefon manchmal ausschließlich über ihre Probleme − über Schmerzen, Einsamkeit, Geldmangel. Ihre Klagen endeten in der Regel in Tränen und Vorwürfen. Die Gespräche wurden so unangenehm, daß Frau Pryor drauf und dran war, sich vor den Anrufen zu drücken. Doch sie entschied, daß es einen besseren Weg geben müsse. Sie begann auf ihr eigenes Verhalten am Telefon zu achten und bewußt die Klagen und Tränen durch »Ah«, »Hmm« oder »Naja« auszulöschen, legte aber nicht auf. Dann verstärkte sie alles, was keine Klage war − Fragen nach den Kindern, Neuigkeiten aus dem Heim, Diskussionen über das Wetter, über Bücher und Freunde. Auf all das reagierte sie mit Begeisterung.

Zu ihrer Überraschung änderte sich nach 20 Jahren des Konflikts nun innerhalb von nur 2 Monaten das Verhalten ihrer Mutter völlig: Statt zu heulen und zu jammern, lachte und plauderte sie nun. Sie war wieder die jugendliche, geistreiche und interessierte Mutter von früher.

Ist eine solche Formung Manipulation? Nicht mehr als John Woodens Spielertraining und auch nicht mehr als die täglichen Methoden, die wir alle anwenden, um das Verhalten unserer Mitmenschen zu beeinflussen. Zu all dem Gesagten, daß Liebe besser ist als Strafe, meint James Q. Wilson, daß wir Menschen uns durch die täglichen Interaktionen ändern, indem wir »durch Worte, Stimmlage, Gestik und Ausdruck unsere Billigung oder Mißbilligung des Verhaltens eines anderen« verdeutlichen.

Ist Schuld ein legitimes Mittel der Motivierung?

Wir wenden uns nun einem der schwierigsten Gebiete zu, auf dem man ein ausgewogenes Verhältnis herstellen muß, wenn man sich entscheidet, auf welche Weise man motivieren soll – der Frage der Schuld. Zwei extreme Auffassungen gibt es hierzu: 1. daß Schuld niemals wirksam ist, daß man niemals eine Person durch solch eine negative Kraft dazu bringen sollte, etwas zu tun, und 2. daß Schuld das effektivste Mittel darstellt, Fügsamkeit zu erreichen, besonders bei Kindern.

Wir wollen zuerst die erste Auffassung untersuchen. Sie wird in ihrer extremen Form von denen verkörpert, die dafür plädieren, Wörter wie »sollte«, »hätte«, usw. zu vermeiden. Populäre Psychologen sagen immer, man sollte eher z.b. »Ich kann« als »ich hätte sollen« etc. verwenden. Sie verurteilen eine Ermahnung wie »Du solltest deine Mutter anrufen«.

Das ist ein Ideal, das sich verlockend anhört –, daß es möglich sei, jemanden zu motivieren, ohne jemals negative Emotionen zu benutzen. In Wahrheit ist es aber wertvoll, mit bestimmten Solls zu leben, und Schuld ist tatsächlich eine sehr wertvolle Emotion. Wenn wir etwas falsch machen, sollten wir uns auch schuldig fühlen. Dieses Schuldgefühl kann uns dazu bringen, das Unrecht wieder gutzumachen und den gleichen Fehler zu vermeiden.

Aber allzu leicht benutzt eine Führungskraft die Schuld exzessiv. Kurzfristig erweist sich das als einfach und wirkungsvoll, deshalb gehen Eltern oft den bequemen Weg und erziehen ihre Kinder mit dieser Methode. Um die verheerende Auswirkung eines solchen Verhaltens zu illustrieren, möchte ich einen Patienten anführen, der kürzlich in meine Praxis kam. Es handelte sich um eine Frau in den Fünfzigern, die sich niedergeschlagen und lethargisch fühlte. Als ich die Gründe für ihre Unzufriedenheit herauszufinden versuchte, entdeckte ich, daß sie immer noch verängstigt war, weil sie als kleines Mädchen von ihrer Mutter auf manipulative Weise kontrolliert worden war. Das funktionierte folgendermaßen: Wenn sie etwas tat, um ihre Mutter zu ärgern, sich z.B. fortschlich, um ins Kino zu gehen (es war ein sehr strenges Zuhause, in dem sehr viele Dinge verboten waren), dann wurde ihre Mutter niemals wütend; sie fühlte sich nur verletzt und schmollte tagelang. Ich fragte meine Patientin, ob sie oft so widerspenstig war. „Aber nein," antwortete sie, „ich konnte es nicht ertragen, so schlecht fühlte ich mich, wenn ich wußte, daß ich sie verletzt hatte." Diese Mutter benutzte Tränen auf eine grausame Weise. Durch ihr Schmollen und Weinen hielt sie die Emotionen des Kindes wie einen Hund an der Leine, und die restliche Schuld ist noch 40 Jahre später vorhanden.

Es ist wichtig, zwischen neurotischer und begründeter Schuld zu unterscheiden, wie es auch Paul Tournier in seinem hervorragenden Buch »Guilt and Grace« tut. Begründete Schuld ergibt sich aus dem Wissen, daß wir uns geirrt haben, und führt zu einer Korrektur des Verhaltens. Neurotische Schuld bleibt auch nach einem korrigierenden Eingriff noch lange latent bestehen, sie ist eher lähmend als konstruktiv. Es ist nicht nötig, die eigenen Kinder mit Samthandschuhen anzufassen aus Angst, wir könnten ihnen ständige Schuldgefühle anerziehen, und wir sollten auch nicht unsere Emotionen verbergen, wenn uns die Kinder enttäuschen. Der entscheidende Unterschied besteht darin, daß manipulative Eltern Tränen und Ärger hervorzaubern, um ihre Kinder zu kontrollieren.

Sie sollten sich stets die folgende Frage stellen: Schmolle ich oder bin ich wütend, weil ich meinem Kind (oder einem Mitarbeiter) eine Lektion erteilen will, oder ist mein Gefühl echt? Die Beziehung wird neurotisch oder manipulativ, wenn wir unseren Kindern beibringen, daß Mamas und Papas Gefühle die wichtigsten Gründe für eine Handlung darstellen. Stattdessen sollten wir ihnen beibringen, daß es auf der Welt bestimmte Gesetze des richtigen und falschen Handelns gibt und daß sie immer sorgfältig abwägen und die möglichen Folgen in Betracht ziehen sollten. Und wir sollten versuchen, auf das Klagelied »Wie konntest du nur so etwas tun und deiner Mama so wehtun?« verzichten.

Tom Edwards, ein exzellenter Schriftsteller und hervorragender Lehrer an einer Mittelschule trifft folgende Unterscheidung: „Unser Ziel ist es nicht, Menschen zu kontrollieren, sondern auf Konsequenzen aufmerksam zu machen und Alternativen aufzuzeigen. Das ist keine Manipulation, sondern Motivation.''

Es ist für jemanden, der mit Menschen zu tun hat, keineswegs leicht, negative Mittel zur Motivierung einzusetzen. Was ist das richtige Verhältnis von positiver zu negativer Verstärkung? Lassen Sie uns vorläufig darin übereinstimmen, daß man weit mehr loben als schimpfen sollte und daß Angst und Schuld nur dann brauchbar sind, wenn wir uns dabei an hohen ethischen Maßstäben orientieren – und nicht darin, daß unser Mißfallen dem anderen Angst macht.

10
Der Wille zum Sieg

„Menschen versagen - nicht, weil sie dumm sind,
sondern weil sie nicht genügend Leidenschaft
zeigen.''

Burt Struthers

Für die meisten Millionäre wird das Anhäufen von Geld schließlich zu einem Spiel. Sie arbeiten weiter, nicht weil sie das Geld brauchen, sondern weil sie den Wettstreit lieben. Sie genießen es, sich im Geschäftsleben mit anderen zu messen.

Dieser Instinkt, sich mit anderen zu messen, scheint den meisten von uns angeboren zu sein; sonst würden die Menschen nicht so gerne spielen. Und dieser Instinkt bietet eine starke − aber auch sehr gefährliche − Grundlage für das Motivieren von Menschen. Verkaufsorganisationen benutzen ständig diese Technik, wenn sie Wettbewerbe ausschreiben, bei denen man ein Auto oder eine Urlaubsreise gewinnen kann, oder wenn sie auf der Jahresabschlußfeier Auszeichnungen vornehmen. Wenn man an einer Grundschule dazu motivieren möchte, Geld für einen Computer zu sammeln, dann sollte man am besten einen möglichst spannenden Wettkampf zwischen den Klassen organisieren. Wenn die täglichen Einnahmen öffentlich angeschrieben werden, so daß jeder Lehrer und Schüler sehen kann, wie er steht, (und weiß, daß alle anderen das auch sehen), dann kann eine fieberhafte Begeisterung entfacht werden. Die Höhe des Preises ist nicht annähernd so wichtig wie der mit dem Wettbewerb verbundene Nervenkitzel.

Charles Schwab, der Vorsitzende aller Stahlwerke Andrew Carnegies, hatte einen Werksleiter, dessen Leute nicht die vorgegebenen Produktionsquoten erreichten. „Ich habe die Leute beschwatzt; ich habe sie angetrieben; ich habe ihnen mit Bestrafung und Entlassung gedroht," erzählte er Schwab. „Aber nichts hilft. Sie arbeiten einfach nicht mehr!"

Es war am Ende des Tages, als die Tagschicht gerade ging und die Nachtschicht kam. „Geben Sie mir bitte ein Stück Kreide," sagte Schwab. Dann wandte er sich an den nächsten Mann und fragte: „Wie oft hat Ihre Schicht heute eingeheizt?" „Sechsmal". Wortlos malte Schwab eine große »6« auf den Fußboden und ging weg. Als die Nachtschicht kam und die »6« sah, fragte sie, was das bedeute. „Der große Boss war heute hier," sagten die Männer, „er hat auf den Boden gemalt, wie oft wir heute eingeheizt haben."

Am nächsten Morgen stapfte Schwab wieder durch das Werk. Die Nachtschicht hatte die »6« weggewischt und durch eine »7« ersetzt. Als die Tagschicht am nächsten Morgen zur Arbeit kam, sah sie die große »7« auf dem Boden. Glaubte die Nachtschicht etwa, sie sei besser als die Tagschicht? Na warte, denen werden wir's zeigen! Die Leute legten sich voller Enthusiasmus ins Zeug, und als sie abends nach Hause gingen, hinterließen sie eine riesige, prahlerische »10«. Die Lage besserte sich also.

Nach kurzer Zeit produzierte dieses Werk, das in der Produktion weit zurückgelegen hatte, mehr als jedes andere Werk in dieser Branche. Und wie lautete das Prinzip? Hier ist Schwabs Beschreibung. „Wenn man Dinge ins Rollen bringen will, muß man den Wettbewerb anregen. Es geht dabei nicht bloß ums Geldverdienen, sondern um den Wunsch, sich auszuzeichnen."

Der Idealist wird uns vielleicht vorwerfen, daß wir manipulieren, wenn wir Menschen dazu bringen, sich gegenseitig zu messen, und daß dieser aggressive Instinkt eher abgebaut als ermutigt werden sollte. Wie wir später sehen werden, kann vom Zorn bestimmte Aggression wirklich sehr gefährlich sein. Aber es ist eine Tatsache, daß wir von Natur aus den Wettbewerb mit anderen suchen, und solch ein Impuls kann Menschen helfen, Dinge zu erreichen, die sie sonst nie erreichen könnten. Sportler sind ein gutes Beispiel. Jeder Läufer, Schwimmer oder Footballspieler weiß, daß er im Wettkampf mit anderen am meisten leistet. Es ist der Vergleich, das Verlangen, sich auszuzeichnen und zu gewinnen, was ihn antreibt. Schulwettkämpfe, ein Kopf-an-Kopf-Rennen mit anderen Firmen, Listen mit den 10 besten Mitarbeitern – all das sind wirkungsvolle Anreize.

Die 9. Regel, wenn Sie das Engagement Ihrer Mitarbeiter gewinnen möchten, lautet daher:

Appelieren Sie nur in Maßen an das Wettbewerbsdenken.

Ich sage »in Maßen«, weil Wettbewerb nur begrenzt von Nutzen ist. Wenn Fabrikarbeiter zu exzessiv aneinander gemessen werden, dann werden sie sich manipuliert fühlen und sich darüber ärgern. Wenn man ferner zu viel Aggression zwischen Arbeitnehmern oder Schülern schürt, dann fangen sie an, sich gegenseitig in den Rücken zu fallen. In stark wettbewerbsorientierten Schulen stehlen Schüler sogar wichtige Bücher aus dem Handapparat, um andere am Erfolg zu hindern. Diese Auswüchse sprechen allerdings nicht gegen den Wert eines gesunden Konkurrenzkampfes, und sie sollten uns nicht davon abhalten, Vergleiche zu ziehen, um so größere Anstrengungen zu bewirken.

Ein Nobelpreisträger über den Wettbewerb

Ein ideales Gleichgewicht zwischen Kooperation und Wettbewerb findet man im Werk von Arno A. Penzias, dem 1978 für seine Entdeckung, die als »Kosmische Schwarzkörperstrahlung« bekannt wurde, der Nobelpreis für Physik verliehen wurde. Er ist heute Vizepräsident der Forschungsabteilung der Bell Laboratories.

Penzias' Familie entkam mit knapper Not der Judenverfolgung des Naziregimes. Als sie in der ersten Januarwoche 1940 in New York ankamen, war dies eine fremde, unbekannte Welt für sie. Sein Vater wurde schließlich Hausmeister in verschiedenen Appartementhäusern in der Bronx, sammelte die Abfälle von den Serviertischen und heizte die Öfen. Seine Mutter arbeitete in der Textilbranche.

„Vermutlich ist in der Mittelschule jeder unglücklich," sagt Penzias, „Ich hatte einen ausländischen Akzent. Ich habe nie gelernt, richtig Kind zu sein. Als ich endlich gut Englisch sprach, konnte ich ihre Spiele nicht spielen". Er tat sich in der Oberschule schwer mit Physik, konnte aber auf das City College of New York gehen, zum Teil, weil „der Preis stimmte", sagt er und meint damit, daß die Schule keine Studiengebühren verlangte. Das Massachusetts Institute of Technology (MIT) gab ihm keinen Studienplatz. Also schrieb er sich an der Columbia Universität ein und kam geradeso durch.

> „ Sie lassen fast jeden zu – die Leute kamen sogar mit Englischdiplomen. Dann ließen sie die Hälfte des Kurses durchfallen. Sie ließen die Leute durchrasseln wie verrückt. Es schien niemanden zu kümmern, daß sie das Leben dieser Menschen ruinierten. In meinen Augen war das ein mechanisches, gedankenloses Zermürben von Menschen ...
> Ich werde nie mein erstes Examen vergessen. Wir schrieben es bei Townes in einem Kurs über Optik. Wir konnten die Bücher benutzen und mußten fünf Fragen beantworten. Ich konnte keine einzige beantworten. Als ich zur fünften kam, war ich schweißgebadet. Ich saß in diesem Raum und hatte gerade die ersten vier Fragen durchdacht. Ich konnte keine beantworten – nicht eine einzige. Ich kam zur fünften und sah mich um – alle anderen arbeiteten. Ich fragte mich: »Was macht es schon, daß ich der Dümmste in diesem Saale bin?« Ich bekam eine Vier, was, wie sich herausstellte, die zweitbeste Note in der Klasse war. Townes hatte gerade damit angefangen, über Laser nachzudenken. Deshalb wollte er etwas über Optik wissen, und in der Prüfung fragte er Dinge, an denen *er* interessiert war".

Penzias sagt, daß er mit Hängen und Würgen sein Diplom schaffte: „Es gab zwei Dinge, in denen ich gut war. Zum einen verfügte ich über die Fähigkeit, Dinge systematisch zu organisieren, etwas zu bauen – und zum anderen besaß und besitze ich die großartige Gabe, Schmerzen auszuhalten. Diese beiden Fähigkeiten halfen mir, die Columbia Universität zu überstehen."

Wäre Penzias in der Lage gewesen, den Nobelpreis zu gewinnen, wenn er nicht an so einer wettbewerbsorientierten Universität gelernt hätte, wie man Schmerzen erträgt? Das ist natürlich schwer zu sagen, aber jetzt, da er selbst Forschungsarbeiten leitet, verzichtet er sicherlich nicht auf den Wettbewerb. „Niemand schreibt mir genau vor, wieviele Patente ich anmelden muß," sagt er. „Aber es gibt von überall her Druck — von den Japanern, die mit uns konkurrieren, und auch innerhalb unseres Unternehmens, um die Lichtwellenforscher, die Computerspezialisten, die Leute an den Schaltpulten und jede einzelne Gruppe so stark wie möglich anzutreiben. Ich stelle bestimmte Anforderungen an mich — und an jeden anderen auch". Wettbewerb ist immer ein bestimmender Faktor für hochmotivierte Menschen. Man muß ihn nur vernünftig einzusetzen wissen.

Wenn Leistungsvergleich zum Bumerang wird

Es besteht ein feiner Unterschied, ob man den Leistungsvergleich einsetzt, um zu kritisieren oder anzuregen. Der Vergleich wird falsch verwendet, wenn eine Ehefrau zu ihrem Mann sagt: „Wenn Jack von nebenan den ganzen Tag hart arbeitet und dennoch nicht zu müde ist, das Haus zu streichen, wieso kannst du das nicht auch?" Viele von uns haben diese Methode jahrelang am eigenen Leib erfahren. Unsere Eltern sagten: „Warum kannst du nicht so gute Noten nach Hause bringen wie deine Schwester?" Das sind negative Mitteilungen, die uns eher schwächen als stärken. Wenn man Vergleiche geschickt verwendet, dann sagt man z.B.: „Weißt du was, Tom? Wenn ich sehe, was unsere Nachbarn mit ihrem Garten gemacht haben, dann möchte ich mit unserem Garten auch etwas Tolles anstellen. Was hältst du davon?"

Die einfache Auflistung der Beträge, die die Angestellten eines Büros z.B. für United Way gespendet haben, kann ein wirksames Instrument sein, die Leute zu noch höheren Spenden zu veranlassen. Sie wollen vor ihren Freunden gut dastehen. Wenn wir uns darüber im klaren sind, daß es nicht darum geht, sie zu beschämen, sondern zu inspirieren, dann können wir die heilsame Botschaft vermitteln: Was die anderen können, kann ich schon lange. Es ist ein altes Prinzip bei Spendensammlungen, daß »der finanzielle Einfluß bergab fließt«. Mit anderen Worten: Eine gute Spendenorganisation wird zuerst die größten Spender ansprechen und diese dann bitten, an ihre Freunde zu appellieren. Diese mögen zwar nur zu kleineren Spenden in der Lage sein, aber sie werden viel tiefer in die Tasche greifen, wenn jemand sie darum bittet, von dem sie wissen, daß er ein großzügiger Spender ist. Hier zeigt sich wieder der alte, gesunde Wettbewerbsinstinkt. Wir tun weit weniger als möglich, bis uns jemand darauf aufmerksam macht.

Zorn als Mittel der Motivation

Wir wenden uns nun einer Emotion zu, die mit dem Wettbewerb verknüpft ist, die aber eine Erweiterung dieser Leidenschaft darstellt: dem Zorn. Auch hier könnten die Idealisten annehmen, daß man einen Menschen nur dann anregen kann, wenn man seine positiven Instinkte anspricht, aber wer zu motivieren versteht, spricht gewöhnlich auch den Zorn des anderen an. Warum? Weil tief in uns erstaunliche Energien schlummern, die nur an die Oberfläche treten, wenn uns die Wut packt. Martin Luther sagte einmal: ,,Wenn ich wütend bin, dann kann ich hervorragend schreiben, beten und predigen, denn das beschleunigt den Puls, regt den Verstand an und vertreibt all die irdischen Kümmernisse und Versuchungen." Ein bißchen gerechter Zorn scheint eine national eingestellte Persönlichkeit zu Höchstleistungen zu veranlassen. Die Vereinigten Staaten entstanden, als 56 Patrioten wütend genug waren, die Unabhängigkeitserklärung zu unterzeichnen. Wir haben einen Mann zum Mond geschickt, weil wir wütend waren, daß der Sputnik uns im All auf Platz zwei verwiesen hatte.

Ein gutes Beispiel für dieses Motivationsprinzip ist die Art und Weise, wie Lee Iacocca das Wall Street Journal benutzt hat. 1979 veröffentlichte das Blatt einen flammenden Leitartikel, der Chryslers schlechtes Management kritisierte, und sagte, daß man dem fast bankrotten Unternehmen erlauben sollte, »in Würde zu sterben«. Iacocca nutzte diese Bemerkung zu seinem Vorteil. Er ließ weder zu, daß sie Schaden anrichten konnte, noch ignorierte er sie in der Hoffnung, daß man sie vergessen würde. Stattdessen drehte er den Spieß um und benutzte den Artikel, um leidenschaft-

120

liche Sympathie für sein Unternehmen zu wecken. Hier ist ein Auszug aus einer seiner Reden:

„Das Wall Street Journal riet mir, die Chrysler Corporation in Würde sterben zu lassen. Schließlich seien wir pleite. Unsere Fabriken seien Industriemuseen. Die Messeplätze von Michigan seien voll von unseren unverkauften Autos. Das machte mich rasend . . . Auch meine Kollegen in Highland Park wurden wütend. Zehntausende von Chryslermitarbeitern in ganz Amerika wurden zornig. Unsere Gewerkschaften, unsere Zulieferer und unsere Geldgeber – alle wurden sie wütend. Wir wurden so wütend, daß wir uns zusammenschlossen, über alles redeten und alles in Ordnung brachten, was bei Chrysler falsch lief. Wir haben unsere Produktivität verdoppelt. Wir haben unsere Fabriken auf den neuesten Stand gebracht. Wir haben unsere Kosten gesenkt. Wir bauen jetzt die besten Lastwagen und Autos in Amerika. Kurzum, wir haben das Blatt gewendet. Jetzt verkaufen wir Autos und verdienen viel Geld . . . diese Geschichte hat eine Moral. Wunderbare Dinge können geschehen, wenn Amerikaner zornig werden. Ich bin der Meinung, daß durch ein bißchen gezielt eingesetzte Wut das, an dem Amerika heute krankt, größtenteils geheilt werden kann.''

Nur einige wenige Zuhörer von Iacoccas Rede blieben unberührt, denn eine solche Rede weckt den Wunsch, dem Unterlegenen zu helfen.

Wenn Zorn legitim ist

Jeder gute Redner benutzt das gesamte Spektrum der Emotionen, um den Zuhörer aufzuwühlen, und dazu gehört auch der Zorn. Mark Twain sagte gern, daß man ein Publikum abwechselnd umwerben und beschimpfen müsse, um sein Interesse wach zu halten. Und alle guten Redner und erfolgreichen Trainer werden gelegentlich vor ihrem Publikum ihrem Ärger Luft machen. Darüberhinaus versetzen sie ihre Leute in Wut, wie das Iacocca mit seiner berühmten Rede über das Wall Street Journal tat.

Der Vorteil eines gemeinsamen Feindes

Wenn man die Wut und die Lust am Wettbewerb anspricht,

121

bewirkt das noch etwas anderes: Es schweißt die Menschen zusammen.

Eine große Familie mag bei Tisch eine Menge interner Zwistigkeiten austragen, aber wenn ein Kind von einem Außenstehenden kritisiert wird und das bei Tisch erwähnt wird, dann entsteht sofort ein Zusammengehörigkeitsgefühl. Und eine intern zerstrittene Gemeinschaft kann sehr schnell ihre eigenen Differenzen vergessen, wenn sie dazu veranlaßt wird, sich auf einen gemeinsamen Feind zu stürzen.

Tatsächlich stellen Kirchen einen interessanten Mikrokosmos dar, an dem wir beobachten können, wie eine Gruppenmoral entsteht und wieder zusammenfällt. Trotz all unseres religiösen Geredes über Liebe habe ich noch keine wirklich begeisterte Gemeinde gesehen, die nicht der Überzeugung war, gegen irgendeinen gemeinsamen Feind zu kämpfen. Die Gegner mögen zwar je nach Art der Kirche sehr unterschiedlich sein, doch es scheint sehr wichtig zu sein, daß man jemanden findet, dem man sich entgegenstellen kann.

Skrupelloser Appell an unseren Zorn

Wir dürfen die Tatsache nicht übersehen, daß Propagandisten das Feuer des Hasses bis zum bitteren Ende schüren können und daß Kriege und Lynchmorde auch das Ergebnis von Gruppenzorn sind. Hitler aktivierte unglaubliche Energien und Gefühle der Zusammengehörigkeit, als er die Juden zum Sündenbock machte. Und als Jim Jones 912 Menschen in den Selbstmord trieb, gelang ihm das, weil er eine paranoide, illusionäre Welt entwarf, die seine Anhänger hassen sollten. Beides sind Beispiele dafür, wie das Schüren von Zorn in einem Amoklauf enden kann.

Zur Vermeidung solcher Entartungen müssen wir maßvoll an den Wettbewerbs-Instinkt des Menschen appellieren und die Feinde mit Sorgfalt aussuchen. Haß ist nichts Schlimmes, solange er auf die richtigen Ziele gerichtet ist: auf Grausamkeit, Selbstsucht, Betrug, Manipulation und das Foltern hilfloser Opfer. Es ist auch in Ordnung, daß man eine Gruppe zornig macht und so zu

122

härterer Arbeit anspornt, solange man ihr ein legitimes Ziel für ihren Zorn vorgibt und es unterläßt, einen Scheingegner zu schaffen, um die Leute für sich zu gewinnen. Unsere Welt wimmelt von Ungerechtigkeiten, Irrtümern, grausamen Menschen, denen man sich widersetzen muß. Man muß also nicht erst künstliche Ziele für unseren Haß schaffen.

11

Wie man Menschen zu effektiver Zusammenarbeit veranlaßt

„Was wir Gesellschaft nennen, ist in Wirklichkeit ein riesiges Netz von gegenseitigen Übereinkünften".

S. I. Hayakawa

„Es ist erstaunlich, was manche Menschen leisten, wenn sie sich nicht darum kümmern, wer dafür die Lorbeeren erntet."

Sandra Swinney

Wir müssen nun das schwer faßbare Thema der Gruppennorm diskutieren. Was genau befähigt manche Führungspersonen dazu, ihre Gruppe oder Familie so zu strukturieren, daß in ihnen stets ein ausgeprägter Gruppengeist und eine echte gegenseitige Treue herrscht? Und wie kommt es, daß andere, die unter vier Augen recht anregend wirken, am Ende eine Gruppe haben, die in sich bekämpfende Fraktionen zerfällt und nichts wirklich erfolgreich abschließt?

Die Führungskraft, die die Gesetze der Gruppenmoral begreift, ist überaus wertvoll, denn ein guter Gruppengeist bringt die Menschen nicht nur dazu, ihre Arbeit in der Hälfte der Zeit zu erledigen, sondern zieht auch neue Menschen an. Einige der erfolgreichsten Kirchen werden beispielweise von Pastoren geführt, die keine besondere Ausstrahlung besitzen. Ihr Erfolg ist eher darauf zurückzuführen, daß sie eine begeisterungsfähige, in sich geschlossene Gemeinde aufbauen können. In solchen Fällen werden die Menschen weniger durch den Führer als vielmehr

124

durch das Gruppengefühl angezogen – durch eine Atmosphäre geballter Energie. Gute Führungskräfte sind nicht nur darauf aus, ein Treueverhältnis zwischen sich und den Mitarbeitern zu schaffen, was natürlich wichtig ist, aber bei weitem nicht genug. Es ist auch nötig, in einer Organisation ein alle umfassendes gegenseitiges Treueverhältnis zu schaffen.

Die 10. Regel, wenn Sie das Engagement Ihrer Mitarbeiter gewinnen möchten, lautet deshalb:

Legen Sie großen Wert auf Zusammenarbeit.

Organisatoren erfolgreicher Gruppen gründen ihre Arbeit auf eine fundamentale Tatsache hinsichtlich der Struktur der menschlichen Persönlichkeit: Die meisten von uns leisten dann am meisten, wenn sie mit mindestens einer anderen Person zusammenarbeiten. Ich denke da z.B. an viele Ehepartner, die gemeinsam etwas aufbauen, sich gegenseitig ermutigen und unterstützen. Die Schriftstellerei ist die anstrengendste Tätigkeit, die ich jemals in Angriff nahm, und ohne Diane könnte ich sie buchstäblich nicht bewältigen. Dieses Kapitel wurde in St. Andrew geschrieben, einem Benediktinerkloster, 80 Meilen von meinem Zuhause in Los Angeles entfernt. Einige Tage in einer solchen Einsamkeit sind eine wunderbare Anregung, aber ich würde hier nicht um Mitternacht an der Schreibmaschine sitzen, wenn ich mich nicht eng mit der Frau verbunden fühlen würde, die heute nacht allein daheim in unserem Bett schläft. Sie ist nicht dort, weil sie die Einsamkeit mag, sondern weil sie weiß, daß es für mich schrecklich wichtig ist, dieses Kapitel zu beenden und noch diese Woche fortzuschicken. In den Jahren der Entmutigung, als meine Arbeit von den Verlegern abgelehnt wurde, hätte ich sicher aufgegeben, wenn Diane mich nicht ständig ermuntert und zu mir gehalten hätte.

Einer gegen alle, dem ist man selten gewachsen. Aber zwei! Das ist etwas anderes! Wenn Sie einen anderen finden, der Sie in Ihrem Bestreben unterstützt, dann verdoppeln sich Ihre Fähigkeiten nicht nur, sondern sie erhöhen sich um ein Vielfaches.

Das gleiche Prinzip gilt, wenn man abnimmt, sich den Alkohol abgewöhnt oder eine Sprache lernt – gemeinsam ist man stark. Die Zugehörigkeit zu einer Gruppe stärkt die eigene Entschlossenheit und verleiht Kraft, Hindernisse zu überwinden.

Das Bedürfnis nach Zusammengehörigkeit

In jedem Menschen existiert ein Grundbedürfnis, das in einschlägigen Fachbüchern »Affiliationsmotiv« genannt wird. Jeder von uns möchte gern zu einer Gruppe von eng miteinander verbundenen Menschen gehören, in der man sich kennt und akzeptiert, jeder sich für den anderen einsetzt, einer Gruppe, von der wir wissen, daß sich jedes Mitglied uns gegenüber loyal verhalten wird, wenn wir in Schwierigkeiten geraten. Es ist der alte Stammesinstinkt. Im Idealfall passiert das in unseren Familien, wo man alles verzeiht. Wenn in einer Familie solch eine gegenseitige Anhänglichkeit existiert, dann wird jedes Familienmitglied, auch wenn es vielleicht eine Zeitlang eigene Wege geht, stets wieder zurückkommen. Wenn sich eine solche Loyalität in einer Gruppe von Arbeitnehmern entwickelt, dann besitzt sie einen ähnlichen Zusammenhalt. Die Menschen werden im Unternehmen bleiben, auch wenn sie woanders mehr Geld verdienen könnten, denn ein wichtiges psychologisches Bedürfnis wird durch den Arbeitgeber befriedigt – das Bedürfnis nach Zusammengehörigkeit. Das heißt nicht, wie manche vermuten, daß man sich dem Unternehmen sehr verpflichtet fühlt. Der Mensch, der mit seiner Firma verheiratet ist, ist ein Phänomen, das der Vergangenheit angehört, wenn es ihn überhaupt jemals gab. Wer war jemals einer Firma gegenüber absolut loyal? Aber wir haben viele Verbindungen zu dem ziemlich formlosen Gebilde, das aus Menschen besteht, mit denen wir gearbeitet haben, zu den Qualitätsmaßstäben, die wir entwickelt haben, und zu den jüngeren Menschen, die in das Unternehmen eintraten und deren Zukunft von dem abhängt, was wir zusammen aufbauen.

Auf den folgenden Seiten werde ich einiges von dem darlegen, was die Organisationen mit einer hohen Arbeitsmoral gemeinsam zu haben scheinen.

Qualitätskontrolle

Die besten Gruppen haben stets ein ausgeprägtes Verantwortungsgefühl für die eigenen Leistungsstandards. Unfähige Führungskräfte begehen den Fehler, niemand anderem die Qualitätskontrolle zu überlassen. Gute Führungskräfte hingegen ermutigen ihre Mitarbeiter, sich gegenseitig für Höchstleistungen verantwortlich zu fühlen.

Hier ein Beispiel aus der Produktfertigung. Ein Freund hatte vor einigen Jahren eine Gießerei gekauft. „Unter den Angestellten," sagte er, „fand ich eine Gruppe von Langgedienten, die eine Clique bildeten und unter sich blieben, doch sie leisteten konstant die beste Arbeit im Betrieb. Wenn sie sich zum Kaffee trafen, zeigten sie sich gegenseitig ihre Arbeit, äußerten sich abschätzig über eine schwache Leistung und bewunderten eine gelungene Arbeit.

„Ich wollte an dieser Clique nichts ändern und die Männer nicht auseinanderbringen, denn jeder einzelne war nicht nur stolz auf seine Arbeit, sondern es bestand auch ein seltsamer Gruppenstolz — wichtig war, daß sie keinem in der Gruppe erlaubten, zu versagen. Die Konsequenz: Aufgrund des internen Wettbewerbs und der gegenseitigen Loyalität leisteten alle eine bessere Arbeit". Dieser Gießereibesitzer hatte die wichtige Lektion gelernt und zugelassen, daß die Gruppenmoral ihm einen Großteil seiner Arbeit abnahm.

Ein weiteres Beispiel zeigt, wie das gleiche Prinzip in einer Familie funktioniert. Neulich auf einem Bankett saß ich neben einer reizenden Dame, deren sechs Kinder Schulen wie Harvard, Stanford und Wellesley besucht hatten. Sie hatten es alle zu etwas gebracht. Es gab kein schwarzes Schaf unter ihnen. „Wie um alles in der Welt haben Sie sie dazu gebracht?" fragte ich.

„Jeder fragt mich das," lachte sie, „und das Erstaunliche ist, ich glaube nicht, daß ich viel dazu beigetragen habe. Ich habe sie z.B. niemals aufgefordert, ihre Hausaufgaben zu erledigen, oder sie gerügt, wenn sie eine schlechte Note heimbrachten. Sie schienen sich gegenseitig zu motivieren. Ich erinnere mich z.B. an einen Tag, an dem eine unserer Töchter ein Zeugnis nach Hause brachte, das schlechter war, als es sein sollte. Ich legte es wortlos auf den Küchentisch zurück. Doch als ihr älterer Bruder heimkam, schaute er es an, schnaubte wütend, ging in ihr Zimmer und nahm sie gehörig ins Gebet. Ich weiß nicht, was er genau sagte, aber unter anderem überzeugte er sie davon, daß es bestimmte Familiennormen gab, die auch für sie galten. Wenn sie nicht gut sei, dann werde das auf alle ein schlechtes Licht werfen. Es muß eine tolle Rede gewesen sein, denn ihr Zeugnis verbesserte sich beachtlich. Sie sah zu ihrem Bruder auf und liebte ihn sehr; sie hätte alles getan, um bei ihm gut angesehen zu sein."

Diese Mutter hat klugerweise fast genau das getan, was ein guter Vorgesetzter tut: Sie hatte eine Gruppe geschaffen, die viel Wert auf Leistung legte und die selber für die Einhaltung der gesetzten Maßstäbe Sorge trug.

Alle für einen und einer für alle

Ein zweites Merkmal von Gruppen mit hoher Moral ist folgendes: Jeder glaubt, daß für die Führungskraft das Wohl der Gruppe an erster Stelle steht. Die Begeisterung, mit der jemand einer Organisation beitritt, hängt stets von der Antwort auf die folgende Frage ab: Sind die Vorgesetzten nur auf den eigenen Vorteil bedacht, nutzen sie die Begeisterung lediglich für die eigenen Projekte, oder stellen sie sicher, daß wir alle die Nutznießer der gemeinsamen Unternehmung sind? Wenn in einem Unternehmen die Auffassung vorherrscht, es komme darauf an, so viel wie möglich aus den Mitarbeitern herauszuholen und ihnen so wenig wie möglich zu geben, dann stellen sich Neulinge sehr schnell darauf ein und haben keine Skrupel, wenn sie das Management sabotieren oder jeden Abend ein paar Teile mit nach Hause nehmen. Man betrachte dagegen Andrew Carnegie, der die Meinung vertrat, daß »niemand reich werden kann, wenn er nicht auch die anderen reicher macht«, und der eine Organisation mit hoher Arbeitsmoral schuf, die ihn tatsächlich zum reichen Mann werden ließ. Wenn wir eine Gruppe davon überzeugen könnnen, daß der Grundsatz gilt »Alle für einen und einer für alle«, dann können enorme Kräfte freigesetzt werden. Jean Riboud, Chef des multinationalen Unternehmens Schlumberger, sagt, daß man in der Welt am besten vorankommt, „wenn man den Menschen glaubhaft macht, daß es zu ihrem Vorteil ist, wenn sie Ihnen helfen." Wenn man versucht, Menschen davon zu überzeugen, daß es ihr Vorteil ist, wenn sie einem helfen, dies aber *nicht* zutrifft, dann kann dieses Vorgehen sehr manipulativ sein. Wenn wir aber andererseits an ein Projekt glauben und überzeugt sind, daß seine Verwirklichung von der Zusammenarbeit aller abhängt, wenn wir ferner entschlossen sind, den Profit mit unseren Leuten zu teilen, dann sollten wir ihnen das auch immer wieder sagen.

Das gleiche Prinzip gilt auch in der Familie. Wenn Kinder glauben, daß Spielregeln in der Familie nur für die Eltern von Vorteil sind, dann ist das nicht sehr motivierend. Ein Mädchen mag zu der Überzeugung gelangen, daß seine Mutter auf bestimmten Verhaltensweisen nur beharrt, weil sie sich nicht vor ihren Freunden blamieren möchte. Wenn man Kindern aber klarmachen kann, daß die Familie zum Wohle aller da ist und daß die Regeln nur aufgestellt wurden, damit jeder so gut wie möglich zurechtkommt, dann werden sie diese Regeln eher akzeptieren. Ein harter Führungsstil − ja sogar ein autokratischer Stil − wird von den meisten Menschen so lange toleriert werden, als offensichtlich ist, daß sich die betreffende Führungskraft für das Wohl aller einsetzt. In seinem Buch »American Caesar« versucht William Manchester die bemerkenswerte Loyalität zu analysieren, die Oberst Douglas Mac Arthur seinen Leuten während des Ersten Weltkrieges entlockte. Als alles vorbei war, besaß Mac Arthur sieben »Silver Stars«, zwei »Distinguished Service Crosses« und die »Distinguished Service Medal«. Er erhielt diese Auszeichnungen zum Teil natürlich wegen seiner Tapferkeit, aber auch, weil er die Fähigkeit besaß, eine glühende Loyalität unter seinen Leuten zu entfachen. Und wie gelang ihm das? William Manchester sieht das so: „Er war eher in ihrem Alter als die anderen hohen Offiziere, er teilte ihre Beschwerden und Gefahren, und er liebte sie seinerseits." Dieser letzte Satz ist der Schlüssel − „Er liebte sie seinerseits". Trotz seiner Selbstsucht und anderer Charaktermängel, besaß Mac Arthur eine ausgleichende Eigenschaft, durch die er die Leidenschaft seiner Männer entfachte: Er sorgte sich aus tiefstem Herzen um sie. Hoch motivierte Gruppen wissen, daß ihr Vorgesetzter sie wirklich gern hat und ihnen gegenüber immer loyal sein wird.

Versprechungen

Das Zentrum für kreativen Führungsstil in Greensboro, North Carolina, untersuchte vor kurzem 21 gescheiterte Manager – erfolgreiche Leute, die man an höherer Stelle in der Organisation erwartet hatte, die aber über eine bestimmte Stufe nicht hinaus gelangten, weil sie gefeuert wurden oder frühzeitig in Pension gehen mußten. Man verglich sie mit 20 Arrivierten, die bis an die Spitze gelangt waren. Die Forscher fanden, daß die beiden Gruppen einander erstaunlich ähnlich waren. Jeder der 41 Manager verfügte über beachtliche Stärken, und jeder zeigte auch eine oder mehrere gravierende Schwächen. Eine Person kann demnach viele Fehler begehen und auch bestimmte Schwächen haben und dennoch Erfolge erzielen. Aber eine genauere Untersuchung der gescheiterten Manager zeigte, daß bei den meisten von ihnen stets bestimmte Mängel auftauchten, und wann immer dieser eine Fehler auftrat, scheiterten sie. Die Forscher nannten das ,,Die unverzeihliche Sünde – das Vertrauen enttäuschen''. Integrität bedeutet in diesem Zusammenhang mehr als einfache Ehrlichkeit. Sie umfaßt ein konsequentes und vorhersagbares Verhalten, das über eine gewisse Zeit hinweg gewachsen ist und soviel ausdrückt wie: ,,Ich werde genau das tun, was ich versprochen habe. Sollte ich meine Meinung ändern, werde ich das früh genug ankündigen, damit niemand durch mein Verhalten in Mitleidenschaft gezogen wird.''

Manche von uns versprechen zu vielen Leuten zu viele Dinge, aber nichts demoralisiert eine Gruppe schneller als das. Rene McPherson, Topmanager der Dana Corporation, antwortete auf die Frage nach dem phänomenalen Erfolg seiner Organisation: ,,Die Art und Weise, wie man einen Mitarbeiter behandelt, wird von allen anderen genauestens unter die Lupe genommen. Aufgrund dieses Verhaltens entscheiden sie dann, ob sie Ihnen und dem Unternehmen trauen können." Man könnte annehmen, daß es nichts ausmacht, wenn in einer großen Organisation die Manager einige Mitarbeiter rücksichtslos behandeln, aber *ein* einziges Beispiel dieser Art kann die Moral einer ganzen Gruppe zerstören. Wie McPherson sagt, beobachtet jeder, wie Sie einen Mitarbeiter behandeln, und zwar immer unter der Annahme, daß Sie mit jedem anderen auch so umspringen. Die Mitglieder einer Familie achten ebenfalls auf solche Hinweise von seiten des Familienoberhauptes. Wenn ein Vater seinem Sohn zum 18. Geburtstag ein Auto verspricht und dieses Versprechen nicht hält, dann hat er nicht nur das Vertrauen dieses Jungen zerstört, sondern hat auch dem Gemeinsinn der Familie Schaden zugefügt, denn alle anderen Familienmitglieder haben den Verrat beobachtet. Es ist unsere Pflicht, alles zu unternehmen, um den Menschen zu zeigen, daß wir uns an unsere Abmachungen halten werden; andernfalls wird sich ihre Begeisterung in Grenzen halten.

Fairness

Eine andere demoralisierende Taktik besteht darin, Belohnungen ungerecht zu verleihen. Es gibt viele Untersuchungen zur sogenannten »Theorie der Unparteilichkeit«, die jeder guten Führungskraft instinktiv bekannt ist: Die Motivation einer Person bricht vollkommen zusammen, wenn sie feststellt, daß ein anderer unterschiedlich abgefunden oder belohnt wird. 1972 führten Schmitt und Marwel eine faszinierende Studie durch, in der Zweiergruppen von Arbeitern die Wahl hatten, entweder für weniger Geld allein oder für mehr Geld mit einem anderen zusammenzuarbeiten. Der Trick dabei war folgender: Obwohl beide besser bezahlt wurden, wenn sie zusammenarbeiteten, wurde dem einen für die gleiche Arbeit mehr gezahlt. Es war eine ungleiche Verteilung des Lohnes, ohne daß ein Grund für diese ungerechte Behandlung ersichtlich war. *40% der Zweiergruppen zogen es vor, für weniger Geld zu arbeiten, statt die einseitige*

Entlohnung zu akzeptieren. Dieses Experiment verdeutlicht unser starkes Bedürfnis nach fairer Behandlung.

Das ist wahrscheinlich auch der Grund, weshalb die sogenannte leistungsbezogene Besoldung der Lehrer nicht die Antwort auf das Versagen des amerikanischen Erziehungssystems sein kann. Man kann Menschen nicht motivieren, indem man in eine Schule geht und 15% der Belegschaft zu Oberlehrern macht. Es mag diese motivieren, aber was geschieht mit den restlichen 85%, die nicht auf diese Weise ausgezeichnet wurden? Denken Sie an Ihren eigenen Job. Nehmen Sie an, es käme jemand an Ihren Arbeitsplatz, würde die Leistung eines jeden bewerten, dann 15% derer, die die gleiche Arbeit verrichten, als »Superarbeiter« bezeichnen und ihnen 25% mehr bezahlen. Würde die Produktivität steigen oder sinken? Die Frage beantwortet sich von selbst.

Lester C. Thurow erzählt davon, wie er an zwei verschiedenen Universitäten in der wirtschaftswissenschaftlichen Fakultät arbeitete. Beide Universitäten waren für ihre Forschung berühmt, aber die eine war bekannt wegen ihrer ausgezeichneten Lehre, während die andere wegen ihrer miserablen Lehre berüchtigt war. Es gab keine auffälligen Unterschiede in der Art der Bezahlung oder in der Höhe der Gehaltsunterschiede. ,,An der einen Fakultät", stellte er fest, ,,war die Lehre gut, da hier ein starker ethischer Konsens herrschte, daß eine gute theoretische Ausbildung Vorrang habe, und dies von allen Kollegen auch respektiert wurde." Hätte man die Dozenten ungleich behandelt, dann wäre dieser Konsens möglicherweise zerstört worden.

Aus einem ähnlichen Grund werden aus »netten Jungs« oft schlechte Vorgesetzte. Wenn man für manche Mitarbeiter die Regeln großzügiger auslegt, dann schafft das Verwirrung in der Belegschaft und die Moral sinkt. Wenn man es mit niemandem verderben will und die in der Firma geltenden Spielregeln zu oft durchbricht, dann glauben die Mitarbeiter, man sorge sich mehr um das Wohl einzelner als um das der ganzen Arbeitsgruppe. Ein solches Verhalten verstößt gegen eines der Grundprinzipien der Motivation − die Fairness.

Die Bewahrung der Individualität

Ein anderes Merkmal einer guten Arbeitsmoral ist sehr eng mit dem verbunden, was wir gerade besprochen haben: Die Gruppenmitglieder müssen wissen, daß sie niemals alleingelassen werden. Hier besteht ein Widerspruch. Wir fügen uns bereitwillig in eine Gruppe ein, wenn wir sicher sind, daß der Vorgesetzte unsere Individualität dennoch hoch schätzt. Kollektivismus verängstigt uns, wenn wir glauben, daß einzelne für das Wohl der größeren Gruppe überflüssig werden.

Als A. W. Clausen Chef der Bank of America war, wurde er von »The Harvard Bussiness Review« über seinen Aufstieg vom Büroangestellten zum Topmanager befragt. In diesem aufschlußreichen Interview sprach Clausen mit großer Sympathie über verschiedene seiner Kollegen in diesem Unternehmen, über die älteren Manager, die ihm alle Tricks beigebracht hatten, und auch über Mitarbeiter aus den unteren Rängen der Betriebshierarchie. Es war offensichtlich, daß Menschen ihm viel bedeuteten.

Dem Interview folgte eine Analyse seines Aufstiegs. Es war die Geschichte eines Managers der Bank of America im mittleren Alter, der über eine gehörige Portion Stolz verfügte. Er war schon 25 Jahre bei der Bank gewesen, als er in seinen Leistungen nachließ. Das Feuer war erloschen, und er blieb aus Krankheitsgründen lange Zeit der Arbeit fern. Seine Vorgesetzten entschieden, daß er unterfordert sei, und versetzten ihn deshalb auf eine andere Stelle in einer Filiale, in der immer viel los war. Nach 30 Tagen kehrten die alten Symptome zurück. Er konnte sich nicht mehr an die Kunden vom Vortag erinnern und ging oft vor Dienstschluß mit Brustbeschwerden nach Hause.

Der Bereichsleiter fragte ihn, ob seine Krankheit auch teilweise psychosomatisch bedingt sein könnte. „Ja, das stimmt," antwortete er. „Die Schmerzen sind schlimm, glauben Sie mir, aber wenn die Ärzte mich untersuchen, können sie nichts feststellen" Seine Vorgesetzten boten ihm daraufhin einen einfacheren Job an, der weniger Anstrengung und Verantwortung verlangte, wobei er allerdings seinen Titel einbüßen würde. „Ich könnte das nicht ertragen," sagte er, und sein Chef antwortete:

„Ich mache Ihnen keine Vorwürfe. Ich glaube kaum, daß ich das könnte."

Viele Firmen hätten spätestens hier aufgegeben und den Mann entlassen. Aber die Bank of America fing noch einmal von vorne an. Weitere Nachforschungen ergaben, daß der Betreffende einzig und allein motiviert war, wenn er jeden Abend als Freiwilliger für eine gemeinnützige Organisation arbeitete. Seine Frau hielt für ihn die Kleider bereit, wenn er von der Arbeit nach Hause kam. Er eilte dann in sein zweites Büro, wo er mit großem Vergnügen mehrere Stunden arbeitete. Man muß es der Bank hoch anrechnen, daß man sich diese freiwillige Arbeit genau ansah, um herauszufinden, was sie für ihn so attraktiv machte, und daß man ihm schließlich eine ähnliche Arbeitsstelle im Unternehmen anbot. Bei der letzten Überprüfung zeigte es sich, daß er mit seiner neuen Arbeit sehr zufrieden war und gute Leistungen brachte. „Es ist schon eine tolle Erfahrung", sagte der Bereichsleiter, „wenn man sieht, wie jemand, der derart desillusioniert war, die Ärmel hochkrempelt und mit seinem Problem fertig wird. Wir alle waren daran beteiligt. Es war wirklich ein wunderbares Gefühl".

Clausens Gruppe wußte, daß, wenn man einem solchen Mitarbeiter helfen kann, dies Auswirkungen hat, die weit über den Betreffenden hinausgehen. Viele andere Mitarbeiter achten genau darauf, ob der einzelne *tatsächlich* in ihrem Unternehmen etwas zählt.

Spaß

Das letzte Merkmal von Organisationen mit einer hohen Arbeitsmoral besteht darin, daß die Mitarbeiter anscheinend Spaß bei der gemeinsamen Arbeit haben. Zu oft machen Eltern oder Manager den Fehler und schnauzen die anderen an: „OK, Schluß mit dem Spaß, laßt uns wieder an die Arbeit gehen", wo man doch am besten arbeiten kann, wenn man Spaß dabei hat. Thomas A. Edison erhielt einmal einen Brief von einem humorlosen Aktienbesitzer. „Ein Vizepräsident Ihres Unternehmens," schrieb er, „hat eine falsche Auffassung von Würde, die seiner Position und der Zusammenarbeit mit ihnen nicht gerecht wird. Mir wurde gesagt, daß man manchmal sein Lachen durch seine Tür hindurch im ganzen Büro hören kann."

Edison heftete den Brief an das eingerahmte Bild eines lachenden Mönches und schickte beides an den Vizepräsidenten. „Hängen Sie dieses Bild in den Empfangsraum," schrieb er. „Jeder im Büro soll es sich ansehen. Es soll uns stets daran erinnern, daß man gute Geschäfte nur mit einer vernünftigen Portion Humor und auf einer menschlichen Basis machen kann".

Ich wurde einmal von einer Kommission interviewt, die öfter lachte als jede andere Gruppe, die ich jemals erlebt habe. Sie hielten mindestens einmal pro Woche eine längere Sitzung ab und, obwohl sie alle von ganz unterschiedlichem Charakter waren, arbeiteten sie ohne größere Reibereien aber mit viel Begeisterung zusammen. Ich glaube, ihr Lachen war das ganze Geheimnis. Der Vorsitzende, Harry Griffin, hatte die Gruppe von Anfang an so strukturiert. Seine Philosophie lautete: „Wir werden Hunderte von Stunden zusammensein, bevor dieses Projekt beendet ist. Wir können, wenn wir wollen, die Zähne zusammenbeißen und versuchen, die Sache so schnell wie möglich über die Bühne zu bringen, ohne dabei Spaß zu haben. Oder wir können bei jedem Treffen etwas Spaß haben. Ich plädiere für Spaß". Das bedeutete nicht, daß sie etwa ihre Zeit vergeudeten, aber bei den Sitzungen wurde immer gelacht. Alle neckten einander liebevoll und das Resultat war ein fantastischer Gruppengeist, der es ihnen wiederum ermöglichte, ihre Aufgabe Monate früher als erwartet zu beenden.

Die Menschen würden gerne öfter lachen und mehr Spaß haben. Wenn man daher dafür Sorge trägt, daß in einer Klasse oder einem Team oder einer Kommission gelacht wird, dann drängen sich die Leute danach, in die Gruppe aufgenommen zu werden.

Es liegt in unserer Natur, uns zu necken und zu spielen. Anne Sullivan war, wie bereits betont, eine strenge Arbeitgeberin und eine eiserne Erzieherin für Helen Keller. Wie kam sie damit bei einer so temperamentvollen jungen Schülerin durch? Zum Teil deshalb, weil sie Lachen und Spiel mit der Strenge des Studiums und der Arbeit verband.

Wie man den Gruppengeist schrittweise aufbaut

Bisher haben wir bestimmte Qualitäten besprochen, die die besten Gruppen auszeichnen: Qualitätskontrolle, gegenseitige Loyalität. Integrität, Fairness, die Zusicherung, daß die Mitglieder auch als Individuen etwas gelten und Spaß. Lassen Sie uns nun zu einigen spezifischen Techniken kommen, die eine Führungskraft anwenden kann, um den beschriebenen Teamgeist noch zu verstärken.

1. Belohnen Sie Kooperation.
Einige Organisationen sind so strukturiert, daß man als Mitglied einer Arbeitsgruppe, die gute Ergebnisse bringt, nichts davon hat. Wenn man aber andererseits den Erfolg der anderen torpediert, um eine persönliche Anerkennung einzuheimsen, dann wird man gelobt. Verständlicherweise führt ein solches Vorgehen dazu, daß jeder dem anderen in den Rücken fällt und die Arbeitsmoral schlecht ist. Wenn in Ihrem Unternehmen nur die Günstlinge Vorteile genießen, dann wird die Organisation am Ende noch mehr Günstlinge hervorbringen. Wenn aber die Teamarbeiter honoriert werden, dann wird man wirkliche Mit-Arbeiter bekommen.

2. Übertragen Sie der Gruppe selbst die Verantwortung für die Gruppenmoral.
Druck von Gleichgestellten ist stets erfolgreicher als Druck von oben. Machen Sie deshalb den Personen in Ihrer Arbeitsgruppe oder Familie klar, daß es zu ihrer Aufgabe gehört, die richtige Stimmung zu schaffen. Auf diese Art ist jeder verantwortlich für die Höhe der Moral. Kurz, Sie haben ihnen gelehrt, selbst andere zu motivieren.

3. Schaffen Sie die Möglichkeit, daß die Mitarbeiter gemeinsam weggehen können.
Wenn man eine Gruppe von Menschen aus ihrer gewohnten Umgebung herausnimmt, geschieht etwas Seltsames. Sie werden kreativer, offener für neue Ideen, und sie knüpfen sehr schnell

enge Beziehungen untereinander. Gute Führungskräfte verbringen deshalb oft mit ihrer Gruppe ein oder zwei Tage an einem Ort, an dem sich die Beziehungen festigen können und man nicht von der täglichen Routine abgelenkt ist. Ich spreche oft auf Tagungen von Rechts- oder Steuerberatungsfirmen, die in einem Erholungsgebiet stattfinden, in das sich die Firmen klugerweise für einige Tage zurückgezogen haben. Hier können sie sich neu gruppieren, ihre Ziele und Probleme diskutieren und sich besser aufeinander einstellen. Wenn Verkaufsorganisationen ihre Mitarbeiter zu einer verschworenen Gemeinschaft zusammenschweißen wollen, dann laden sie diese zu einer Wochenendtagung in ein Hotel ein. Durch den Vergleich ihrer Aufzeichnungen und die Teilnahme an stimulierenden Gruppensitzungen entdecken sie eine Kameradschaft, die bei den gelegentlichen Kontakten im Büro nicht zustandekommt. Bei diesem Zusammensein, bei dem sie keine Möglichkeit haben, mit Außenstehenden in Berührung zu kommen und durch pessimistische Stimmen abgelenkt zu werden, ist jeglicher kräftezehrender Konkurrenzkampf ausgeschlossen.

4. *Messen Sie der Kommunikation einen hohen Wert bei.*
Wenn eine Gruppe zerstritten ist und die Mitglieder gegeneinander zu kämpfen beginnen, geschieht es oft, daß Mißverständnisse und unüberlegte Handlungen eskalieren und sich zu großen Zerwürfnissen auswachsen.

Im nächsten Kapitel werde ich einige Vorschläge machen, wie man interne Streitereien vermeiden kann. Eine Möglichkeit, diese zu vermeiden, besteht darin, daß man regelmäßige Aussprachen unter den Mitgliedern einer Gruppe ermöglicht. Familien, z.B., benötigen sehr viel Kommunikation. Es ist einfach ein Gebot der Höflichkeit, daß man den anderen Familienmitgliedern auf dem Küchentisch eine Nachricht hinterläßt, wo man hingegangen ist und wann man in etwa wieder zurückkommen wird. Das sind einfache Gewohnheiten, aber sie tragen viel dazu bei, das Zusammenleben zu erleichtern.

Viele von uns hassen geschäftliche Zusammenkünfte und Kommissionssitzungen. Aber obwohl sie nicht sehr beliebt sind und ihr Ertrag manchmal eher mager ist, so ist es doch wichtig, daß man den Menschen die Gelegenheit gibt, über ihre Aktivitäten zu sprechen. Nichts schließt uns mehr von einer Gruppe aus als die Entdeckung, daß andere Mitglieder über ein Thema informiert, wir aber im Dunkeln gelassen wurden. Organisationen brechen auseinander, wenn Informationen vornehmlich durch informelle Kanäle übermittelt werden, denn diese Kanäle sind für ihren diskriminierenden Charakter bekannt – bestimmte Leute werden alles erfahren, andere nichts, und diese Nichteingeweihten werden sicher unzufrieden sein.

Management durch Freundschaft

Das beste Management basiert, wie die Kindererziehung, auf Zusammenarbeit. Die zynische Variante dieses Prinzips lautet: „Es ist nicht wichtig, was man weiß, sondern wen man kennt". Doch *beides,* was man weiß und wen man kennt, ist wichtig. Wir machen mit jemandem Geschäfte, der sich als kenntnisreicher, verläßlicher und netter Geschäftspartner herausstellt, und wir bauen eine Beziehung gegenseitigen Vertrauens auf, in der wir uns gegenseitig Gefälligkeiten erweisen und Informationen austauschen. Über die Jahre hinweg hat so jeder seinen Vorteil davon. Als der bekannte Geschäftsmann John Stemmons aus Dallas um einen Tip für das Geschäftsleben gebeten wurde, sagte er folgendes: „Sie müssen ein paar vielversprechende Menschen finden, die auf ihrem Gebiet – egal, auf welchem – Könner sind, Menschen, denen Sie vertrauen können, und mit denen sollten Sie dann alt werden!" Vielen Menschen bleibt dieses Prinzip das ganze Leben lang verborgen. Sie nehmen an, daß es nur an ihnen liegt, ob sie im Leben Erfolg oder Mißerfolg haben, obwohl das doch größtenteils von der Unterstützung durch andere abhängt. Loyalität zur Gruppe bedeutet nicht, daß man ihr blind vertraut und Inkompetenz zuläßt. Sie bedeutet auch nicht jene schädliche Blindheit, die uns annehmen läßt, daß jeder im Unrecht ist, der nicht zur Gruppe gehört. Sie bedeutet vielmehr, daß man klar erkennt, daß auch die Mitglieder unserer Gruppe ihre Fehler haben, daß wir uns aber gegenseitig unterstützen, weil wir eben eine Gruppe sind und weil wir uns in der Vergangenheit immer gegenseitig die Treue gehalten haben. Das ist unser Vertrag.

12
Wie man mit einem Unruhestifter fertig wird

„Sei ruhig wütend, aber versündige dich nicht;
nimm deinen Ärger nicht mit in den nächsten Tag."
Paulus

Manche Menschen verstehen es, andere durch ihre Begeisterung und ihre aufmunternden Worte mitzureißen, aber sie sind nicht in der Lage, mit einem Unruhestifter in einer Gruppe fertigzuwerden. Leider kann schon ein einziger Unruhestifter die Harmonie in einer Gruppe zerstören und die ganze Begeisterung schwindet.

Die 11. Regel, wenn Sie das Engagement Ihrer Mitarbeiter gewinnen möchten, lautet also:

Erlauben Sie der Gruppe
auch heftige Auseinandersetzungen.

Manche werden mit Störenfrieden nur fertig, indem sie diese entfernen. Aber man kann schwierigen Menschen nicht entkommen, und wenn wir nicht lernen, mit ihnen umzugehen, werden wir unser Leben lang schwierigen Situationen ausweichen. Als Dr. David Cowie noch ein junger Geistlicher war, leitete er in Los Angeles eine blühende und schnell wachsende Kirchengemeinde, aber im Vorstand befand sich ein Mann, der negativ dachte und an allem beißende Kritik übte. Schließlich wurde die Situation so unerträglich, daß David Cowie aufgab und eine neue Stelle als Pfarrer in Kansas City annahm. „Aber", so klagte er, „als ich in der ersten Woche nach meiner Ankunft zur Vorstandssitzung ging, um die Verantwortlichen kennenzulernen, saß dort am Konferenztisch wieder der gleiche Typ." Cowie hatte recht. Die Gesichter und Namen mögen sich ändern, aber überall wo wir hingehen, erwarten uns schon solche Störenfriede. Es zahlt sich einfach nicht aus, vor schwierigen zwischenmenschlichen Situationen davonzulaufen.

Robert Updegraff schrieb vor vielen Jahren über die Arbeitswelt:

„Ein Mann sollte täglich zu jeder Stunde für die Schwierigkeiten bei seiner Arbeit dankbar sein. Sie rechtfertigen mindestens die Hälfte seines Lohnes oder Gehalts. Gäbe es nämlich keine Schwierigkeiten, so wäre leicht jemand zu finden, der die Arbeit für die Hälfte oder sogar nur ein Drittel seines Lohnes verrichten würde. Wenn man eine verantwortungsvollere Tätigkeit mit besserer Bezahlung will, muß man mit größeren Schwierigkeiten rechnen und lernen, sie in den Griff zu bekommen. Eine anspruchsvollere Tätigkeit fällt einem oft geradewegs zu, wenn man in der Lage ist, die damit verbundenen Probleme und Schwierigkeiten zu bewältigen. Das gilt besonders dann, wenn man ein Geschick dafür entwickelt hat, alles freundlich und mit offensichtlicher Leichtigkeit und Sicherheit zu erledigen. Dieses besondere Talent, das sich im übrigen nahezu jeder aneignen kann, wird gewöhnlich überdurchschnittlich honoriert."

Wie man mit Aufmüpfigkeit umgeht

Es gibt ein Problem, auf das sich jeder Vorgesetzte gefaßt machen muß. Es ist die angeborene Neigung des Untergebenen, gegen die Autorität zu rebellieren. Die meisten Menschen verhalten sich eigenartig widersprüchlich: »Sie wünschen sich einen dynamischen Vorgesetzten, der sie mitreißt, und dann wiederum reagieren sie feindselig gegenüber einem Menschen, der ihr Schicksal mitbestimmt. Wenn also jeder Vorschlag, den man macht, abgelehnt wird und sich die Gruppe allen Bemühungen, sie zu motivieren, widersetzt, liegt das möglicherweise an dem angeborenen Instinkt, die Macht einer Führungsperson einzuschränken. Dieser Widerstand zeigt sich in dem Aufbegehren von Kindern gegenüber ihren Eltern, von Studenten gegenüber ihren Lehrern und von Arbeitnehmern gegenüber ihren Vorgesetzten.

Je höher man aufsteigt, desto stärker ist man diesem Wechselspiel von Bewunderung und Zorn ausgesetzt.

Eine Möglichkeit, einen ernsthaften Aufruhr zu vermeiden, besteht natürlich darin, sich mit Schwächlingen zu umgeben und alles streng unter Kontrolle zu halten. Aber das erfordert große Anstrengungen, und wenn die Organisation größer wird, ist man schließlich doch gezwungen, Aufgaben zu delegieren. Von da an ist ein gewisses Maß an Konflikt vorprogrammiert. So wird es Menschen geben, die besser sind, die auf einem bestimmten Gebiet mehr wissen als man selbst und denen man sich zuweilen beugen muß. Je stärker diese Mitarbeiter sind, desto größer ist die Wahrscheinlichkeit, daß sie Kritik üben und für Zündstoff in der Belegschaft sorgen. Solche Spannungen sind aber nicht unbedingt schlecht, und die besten Führungskräfte lassen sich auf diese Probleme ein, um einen Zugang zu den stärksten Mitarbeitern zu bekommen. Das bedeutet, sie suchen keine Kopie ihrer eigenen Person, sondern selbständige und kreativ denkende Mitarbeiter, die stark genug zur Führung von Untergebenen sind. Wenn man nur Ja-Sager unter sich duldet, hat man das Problem, daß solche Mitarbeiter niemals in der Lage sind, andere zu führen. Es geht darum, Führungskräfte heranzuziehen, die die Arbeit für einen erledigen können, damit man selbst zu anderen Tätigkeiten aufsteigen kann, wobei sich allerdings gelegentliche Reibungspunkte wohl nicht vermeiden lassen.

Aussprachen entschärfen den Konflikt

Jeder Vorgesetzte muß einen beachtlichen Teil seiner Kraft darauf verwenden, sich die Klagen anderer Menschen anzuhören. Es ist sicher nicht die angenehmste Art, damit seine Zeit zu verbringen, aber wenn eine Gemeinschaft reibungslos funktionieren soll, müssen die Menschen ihrem Ärger Luft machen. Das ist sicherlich zu ertragen, wenn man bedenkt, daß dies eine der Möglichkeiten ist, eine Gruppe hoch motiviert zu halten. Wir müssen uns um eine Mitarbeitergruppe mit einer optimistischen Einstellung bemühen, in der so wenig wie möglich Verleumdung,

Kritik und negative Äußerungen vorkommen. Der einzig mögliche Weg dorthin besteht darin, daß der Vorgesetzte bereit ist, einen großen Teil an Gehässigkeit aufzufangen, indem er den möglichen Unruhestifter beiseite nimmt und ihn anhört. Ärger ist dabei unvermeidbar, aber es ist besser, ihn auf sich zu lenken, statt ihn unter der Belegschaft schwelen zu lassen, wo ein schwelendes Feuer oft zu einem Großbrand wird. In jeder Organisation, in einer vierköpfigen Familie und in einer Firma mit 100 000 Beschäftigten kann ein hoher Motivationsstand nur gehalten werden, wenn man angemessene Möglichkeiten bietet, Unzufriedenheit und Groll loszuwerden.

Wie man Konflikte unter den Gruppenmitgliedern löst

Zuweilen richten sich die Klagen nicht gegen den Vorgesetzten sondern gegen andere Gruppenmitglieder. Auf der untersten Ebene kann man das in einer Familie beobachten, wenn sich Geschwister streiten und man den Schiedsrichter spielen soll. Kluge Eltern und Vorgesetzte wissen, wann sie einschreiten müssen und wann sie den Beteiligten die Klärung ihrer Probleme lieber selbst überlassen. Es gibt keine allgemeingültige Regel, aber derjenige, der Verantwortung trägt, muß hin und wieder als Schiedsrichter fungieren. Es ist für keine Gemeinschaft ratsam, Streitigkeiten zu lang andauern zu lassen. Der Vorgesetzte, der sagt: ,,Ich möchte von euren Streitigkeiten untereinander nichts hören — macht sie unter euch aus!'' beschwört Schwierigkeiten herauf. Manchmal muß man sich einmischen, alle Seiten anhören, die Beteiligten zu einem Kompromiß drängen und sich dann voll dahinterstellen. Der erfolgreich Motivierende versucht, alle bei der Stange zu halten, läßt aber auch nicht zu, daß die Gemeinschaft durch Streitigkeiten leidet.

Wie man mit einem ständigen Störenfried fertig wird

Betrachten wir nun die Schwierigkeiten, die alle Eltern und

Vorgesetzten mit aggressiven Menschen haben, die ständig Unruhe stiften. Solche Menschen gibt es in jeder Gruppe, und niemand kann eine Gruppe lange motivieren, wenn er nicht fähig ist, mit einem Unruhestifter fertigzuwerden. Hier sind einige Vorschläge:

1. Erlauben Sie bis zu einem gewissen Grad unerklärliches Verhalten.
In Führungs- und auch Verkaufsseminaren empfehle ich immer wieder, in den Beziehungen einen Freiraum für gelegentliche Verrücktheiten zu gewähren. Die Grenze zwischen Neurosen und Psychosen ist viel fließender als manche Kliniker uns weismachen wollen, und mit großer Wahrscheinlichkeit überschreiten normale Menschen gelegentlich die Trennlinie zur Irrationalität. Es ist deshalb hilfreich, stürmische Phasen einzukalkulieren.

2. Versuchen Sie, die Ursache der Aggression festzustellen.
Das ist nicht immer leicht. J. P. Morgan sagte: ,,Man hat immer zwei Gründe, etwas zu tun, einen guten und den wahren Grund.''
Es können echte Mißstände sein, die man zu hören bekommt und die sich möglicherweise beseitigen lassen, wenn man ihnen ein bißchen nachspürt.

3. Stellen Sie fest, in welchem Ausmaß jemand stört.
Auch das ist nicht immer leicht. Manche Menschen, die in dem Ruf stehen, der Rebell der Gruppe zu sein, sind bei ihren Kollegen sehr beliebt. Man betrachtet sie wohl als gutmütige Beschwerdeführer, und tatsächlich kann es passieren, daß die Gruppe sie lautstark verteidigt, wenn man sie zu entfernen versucht. Vielleicht stellt man zu spät fest, daß sie vielen als Ventil für ihre negativen Gefühle dienten.

4.Bitten Sie um Hilfe.
,,Beanspruche niemals als ein Recht, was du als Gefälligkeit erbitten kannst'', rät John Churton Collins, und zuweilen wird selbst der hartnäckigste und am wenigsten hilfsbereite Mitarbeiter weich, wenn man ihn um Rat oder Hilfe bittet. Wenn man

Mitarbeiter anfeuern will, fürchten sie, daß man sie zu beeinflussen versucht; aber man kann unter vier Augen zu ihnen sagen: „Unser Betriebsklima ist nicht besonders gut, und es ist mir nicht recht gelungen, es zu verbessern. Aber auf Sie hören die anderen. Vielleicht können Sie mir etwas behilflich sein". Vielleicht ist es das erste Mal, daß jemand ihn um etwas bittet.

5. Prüfen Sie sorgfältig, welche Leistung der andere bringt.
Wenn sich herausstellt, daß jemand das Betriebsklima stört, sollte man sich zunächst fragen: Wie wertvoll ist seine Mitarbeit? Manche Einzelgänger werden immer unabhängig und schwierig im Umgang bleiben; aber ihre Leistung macht die von ihnen verursachten Schwierigkeiten mehr als wett. Das gilt besonders dort, wo selbständiges Handeln die Grundvoraussetzung für den Erfolg der Organisation darstellt. Manchmal zählt Leistung, nicht Anpassung, und deshalb lohnt es sich, den unbequemen Könner zu behalten.

Laut William James zeigt sich Genialität im Kern darin, daß man weiß, was man übersehen darf, und der Präsident einer großen Universität schreibt: „Es ist meine Aufgabe, dem erstklassigen Lehrer das Unterrichten zu ermöglichen. Ob er mit seinen Kollegen oder mit mir auskommt − und nur wenige der wirklich guten Lehrer können das − ist unwichtig. Wir haben hier weiß Gott viele Problemkinder, aber wie sie unterrichten − alle Achtung." Ein solches Vorgehen bewährt sich nicht überall, aber man sollte sich möglichst daran halten.

6. Wenn die Schwierigkeiten überhand nehmen, dann sollten Sie die Person entfernen.
Das hört sich an, als ob es dem widerspricht, was ich gerade gesagt habe, nämlich, daß man ein gewisses Fehlverhalten tolerieren soll. Aber es ist ein großer Unterschied, ob man eine Unregelmäßigkeit im Interesse der Kreativität übersieht oder andererseits einer Schwierigkeit wegen dem Konflikt aus dem Weg geht. Nur ein schwacher Vorgesetzter, der Strafe, Tadel oder gar Entlassung scheut, duldet es, daß das Arbeitsklima und die Arbeit gestört werden. Manchmal muß man standhaft bleiben, auch wenn das

bedeutet, daß man jemanden entlassen muß.

7. Sprechen Sie beim Umgang mit Unruhestiftern immer das Gute im Menschen an.
Bei einer heftigen Auseinandersetzung verhärten sich leider oft die Fronten. Wesentlich sinnvoller wäre es, zu sagen: „Hans, ich kenne dich nun schon so lange — lange genug, um zu wissen, daß du heute nicht deinen besten Tag hast; ich schlage vor, daß wir es für heute dabei belassen. Wir sind beide müde. Wie wäre es, wenn wir diese Unterhaltung vergessen und morgen früh nochmal darüber sprechen?"

Die Annahme, daß der andere nicht bösartig ist, sondern nur einen schlechten Tag erwischt hat, kann manchmal Wunder wirken. Paulus riet Timoteus: „Sei freundlich, wenn du tadelst", und viele Beziehungen könnte man retten, wenn man dies stärker beachten würde. Viele von uns haben schon erlebt, daß Geschäftsbeziehungen und Ehen zerbrachen, weil sich jemand zu vorschnell äußerte. Hätte man die Sache erst einmal überschlafen oder ein Wochenende verstreichen lassen, dann hätte sich alles wieder normalisiert.

Wir kommen wieder auf das anfangs erwähnte Grundprinzip zurück: Wenn wir von unseren Mitarbeitern nur das Beste erwarten, dann werden sie alles tun, um diese Erwartung zu erfüllen. Wir haben die erstaunliche Möglichkeit, einem anderen Menschen nach Wunsch fast alles zu entlocken. Das gilt sogar für die rationale und produktive Seite desjenigen, der uns zuweilen Schwierigkeiten bereitet.

13
Die Persönlichkeit des Motivierenden

„Ohne Begeisterung wird nichts Großes oder
Neues vollbracht. Die Begeisterung ist der Motor,
der die Säge durch die Astknorren des Baumstam-
mes treibt. Eine gewisse Übertreibung scheint
notwendig zu sein, wenn man Großes erreichen
will.”

Dr. Harvey Cushing

Wir müssen uns nun mit dem Begriff des Charisma befassen. Was haben bestimmte Menschen an sich, das sie befähigt, andere Menschen zu begeistern? Weder gutes Aussehen noch eine teure Ausbildung noch die besondere Herkunft sind offensichtlich dafür verantwortlich. Wenn wir uns nämlich diejenigen Vorgesetzten anschauen, die alle unsere Fähigkeiten mobilisierten, dann stellen wir fest, daß nur wenige von ihnen solche Qualitäten aufwiesen. Ein erfolgreicher Vorgesetzter benötigt nur zwei Dinge: 1. er muß genau wissen, wie man andere anspornt; 2. er muß die Fähigkeit besitzen, die eigene Begeisterung und Energie auf andere zu übertragen.

Die zweite Fähigkeit kann ebenso wie die erste erworben werden, aber leider auch schnell verlorengehen. Mit anderen Worten, es handelt sich um eine Charaktereigenschaft, die ständiger Pflege bedarf. Die letzte Regel, wie Sie das Engagement Ihrer Mitarbeiter gewinnen, ist somit:

Sorgen Sie dafür, daß Ihre eigene Motivation hoch bleibt.

Manche Menschen erweisen sich schon frühzeitig als

Führungspersönlichkeit, versagen dann aber später. Andererseits werden gewisse Personen, die zunächst Einzelgänger waren, zu starken und erfolgreichen Führungskräften. Das ist zum Teil sicherlich auf jene Eigenschaften zurückzuführen, die sie in jenen einsamen Jahren kultiviert haben.

Unabhängigkeit ist ein Bestandteil des Charisma

Tatsächlich spricht vieles dafür, daß alle großen Führungspersönlichkeiten Einzelgänger sind. Im Gegensatz zu dem, was manche glauben, sind Menschen, die andere gut motivieren können, nicht unbedingt gesellige Typen, die einem ständig auf die Schulter klopfen. Sie verbringen vielmehr oft viel Zeit allein, denken nach und planen.

Wer andere führen will, muß einfach unabhängig sein. Der Psychologe Nathaniel Branden meint:

„Innovative und kreative Menschen können in stärkerem Maße als der Durchschnitt Einsamkeit ertragen. Sie sind eher geneigt, eigenen Vorstellungen nachzugehen, selbst wenn sie sich dadurch von der Gemeinschaft entfernen. Unbekanntes schreckt sie nicht – zumindest nicht so sehr wie die anderen. Darin besteht unter anderem das Geheimnis ihrer Macht. Das, was wir Genie nennen, hat sehr viel zu tun mit Mut, Kühnheit und mit innerer Stärke."

Als Führungskraft sollte man nicht versuchen, einer »von den Jungs« sein zu wollen. Wenn wir Persönlichkeiten wie Florence Nightingale, Churchill, Napoleon, de Gaulle, Martin Luther und Mutter Theresa betrachten, müssen wir feststellen, daß sie alle ziemliche Exzentriker sind. Und bis zu einem gewissen Grade hat ihnen eben diese Exzentrizität geholfen, als Führungsperson anerkannt zu werden.

Die Herausbildung des Charisma scheint ein gewisses Maß an Einsamkeit zu erfordern. Tom J. Fatjo Jr. machte im Alter von 30 bis 40 Jahren aus 500 Dollar ein Vermögen und gründete dann das Houstonian, ein Institut zur Persönlichkeitserneuerung. Er hält es für notwendig, einen Tag pro Woche mit Laufen und in völliger Einsamkeit zu verbringen, gewöhnlich in seinem Haus am Strand, so daß er sich sagen kann, sein Leben vereinfacht zu haben und seinem Ziel nähergekommen zu sein. Carl Sandburg ging davon aus, daß Lincolns Größe zum Teil auf die Jahre zurückzuführen ist, die dieser mit seinem einsamen Gefährten, der Axt, in den Wäldern verbracht hat.

Es ist ein altes Paradoxon: Unabhängigen Menschen, die sich regelmäßig von der Menge absondern, folgt die Menge am liebsten nach.

Der Motivierende als Träumer

Manche Betrachter meinen, daß die Zeit starker Führungspersönlichkeiten vorbei ist und das japanische Management-Modell, das die Menschen gleichschaltet und die Individualität des Vorgesetzten herabsetzt, zur Norm werden wird. Man kann von den Japanern einiges lernen, aber zumindest in der westlichen Welt wünschen sich die Menschen starke Führungspersönlichkeiten, die Ziele vorgeben, Entscheidungen treffen und ihren Mitmenschen Einsichten vermitteln.

An einem milden Freitagabend im April 1961 versammelte J. F. Kennedy eine Handvoll seiner engsten Berater im Kabinettraum um sich, um über die sowjetische Weltraumherausforderung zu beratschlagen. Zwei Tage zuvor war Uri Gagarin als erster Mensch in eine Erdumlaufbahn gelangt. Kennedy war 43 Jahre alt, sah aber wie 30 aus. Selbst wissenschaftlich nur wenig vorgebildet, lauschte er den Experten, die einen 10-jährigen, 40 Milliarden Dollar teuren Wettlauf prophezeiten, und zwar ohne Garantie, daß Amerika zuerst auf dem Mond landen würde. Kennedy legte einen Fuß auf die Kante des Kabinettisches, spielte mit der losen Gummisohle seines Schuhs, fuhr sich mit der Hand durchs Haar und beendete die Besprechung mit entschlossenem Gesicht.

Fünfzehn Minuten später ordnete er an: ,,Wir fliegen zum Mond!'' Der Time-Korrespondent Hugh Sidey sagt rückblickend: ,,Es bestand keine militärische Notwendigkeit. Weder die Öffentlichkeit noch der Kongress forderten lautstark ein solches Unternehmen. In Kennedys Kopf vollzog sich etwas Besonderes.

Der Dichter in ihm erhaschte vielleicht einen Blick von der Zukunft, oder aber seine irische Streitlust reagierte auf die in dieser Herausforderung steckenden Chancen. Wir wissen jedenfalls, daß Kennedy sich in jenen wenigen Minuten schließlich entschloß, die Nation auf eine friedliche und kreative Reise zu schicken – eine Reise, wie die Welt sie bisher noch nicht erlebt hatte''.

Wer zu motivieren versteht, ist bereit, derart kühn zu denken und zu handeln und Ziele zu setzen, die denen der Gruppe weit voraus sind. Und da es so wenige Menschen gibt, die in großen Dimensionen denken und auch die Demütigung des Versagens in Kauf nehmen, wird derjenige, der dieses Wagnis eingeht, auch fast immer Gefolgsleute finden. Goethe sagte: ,,Was immer zu können dein Traum ist, beginn's. Die Kühnheit beinhaltet Genie, Kraft und Magie.'' Natürlich kennen wir alle Menschen, die großspurig daher reden und dann nichts tun. Es gibt so etwas wie nutzlose Idealisten, die so sehr mit grandiosen Ideen beschäftigt sind, daß sie keine Zeit mehr für bescheidenere Ziele haben. Wenn harte Arbeit durch Tagräume ersetzt wird, ist das sträflich. Im Unterschied dazu hat eine erfolgreiche Führungsperson zwar kühne Träume und behält das große Ziel immer vor Augen, ist aber auch bereit, die Zwischenschritte zum Erfolg zu erarbeiten. Kennedy beispielsweise war alles andere als ein Schwätzer. Er hatte seine Fähigkeiten bewiesen, ein Ziel zu setzen und es auch zu erreichen. Zuerst wollte er in das Repräsentantenhaus und dann in den Senat gewählt werden. Er war ein Mann, der sowohl seine Füße als auch seinen Mund benutzt hatte, und wenn ein solcher Mensch von großen Träumen redet, hören die Leute zu.

Die Fähigkeit, in großen Dimensionen zu denken und große Träume zu haben, ist gar nicht so ungewöhnlich. Die meisten von uns tun das regelmäßig. Besonders als Kinder träumen wir von großen Taten. Der Geist von Kindern gleicht ständig einem Bildschirm, auf dem sie zu unglaublichen Erfolgen aufbrechen.

Diese Fähigkeit zeichnet Industriemagnaten wie Walt Disney aus, der zum Teil wohl deshalb so erfolgreich war, weil er niemals aufhörte, wie ein Kind zu denken. Als Mike Vance Disneyland kurz nach der Fertigstellung besuchte, hörte er jemanden sagen:

„Es ist doch zu schade, daß Walt Disney nicht mehr lebt, um das hier zu sehen". Vance erwiderte: „Aber er hat es gesehen – deshalb gibt es das ja!" In der Tat haben die besten Führungskräfte und die am stärksten Motivierenden eine fast trotzige Fähigkeit besessen, bedeutende künftige Ereignisse selbst im Detail vorauszusehen.

Den Traum in Worte fassen

Noch etwas gehört zum Charisma, nämlich die Fähigkeit, über die eigenen Träume zu reden. Obwohl die meisten von uns gern träumen, sind nicht alle bereit, ihre Träume anderen mitzuteilen. Wir denken daran, die Teilnehmerzahl unserer Sonntagsschulklasse zu verdoppeln oder unserer Firma einen Erweiterungsplan zu unterbreiten, stellen uns dann aber die Miesmacher und Spielverderber vor, die Einwände erheben und uns weismachen, daß der Plan nicht durchführbar ist. Wir denken an die Möglichkeit eines Mißerfolges und sprechen daher nicht über unsere Träume. Und sicherlich werden sich unsere Pläne, wenn wir sie für uns behalten, nicht erfüllen. Wenn wir dann später zurückblicken, werden wir froh sein, daß wir nichts gesagt haben.

Aber Großes wurde immer nur erreicht, wenn jemand das Wagnis auf sich nahm, eine Idee vorzutragen, über die andere vielleicht lachten. Der Motivierende verwendet stets eine wortgewaltige und ausdrucksvolle Sprache, wenn er seine Träume möglichen Anhängern erläutert. Solche unterschiedlichen Führungspersönlichkeiten wie Lyndon Johnson, Winston Churchill und Lee Iacocca hatten alle etwas gemeinsam: eine faszinierende Befähigung zu reden. Einige waren sicherlich gelegentlich auch scheu, aber wenn sich die Gelegenheit ergab, konnte jeder von ihnen sich wortgewaltig artikulieren.

Der erfolgreich Motivierende spricht wesentlich mehr als der Durchschnittsmensch. Wir alle haben schon lange Vorträge über die Kunst des Zuhörens und Schweigens gehört, und tatsächlich gibt es Firmenchefs, die wenig Worte machen und ihre Organisation erfolgreich führen. Aber das sind Manager, denen es nicht darum geht, andere zu überzeugen und zu motivieren. Ihr Erfolg liegt in ihrem Organisationstalent begründet, aber das ist ein anderes Thema.

Der mitreißende Redner entfacht laut Aldous Huxley eine Begeisterung, „deren Intensität nicht von der Vernünftigkeit des Gesagten oder von seiner Richtigkeit abhängt, sondern einzig von dem Geschick des Sprechers, aufrüttelnde Worte zu finden". Worte haben eine bemerkenswerte Macht. Franklin D. Roosevelts Erfolg resultierte zum großen Teil aus seiner Fähigkeit, einen Satz zu prägen und seine Träume in Slogans zu fassen; und diese Slogans sind ein Teil des Lebens unserer Nation geworden. Ghandi und Martin Luther King Jr. wußten beide, daß in den Worten, sofern man nur lange genug redet, eine erhebende, ja fast betäubende Kraft ruht. Viele von uns haben es hundertfach erlebt – wenn man jemandem zuhört, der entweder vor einem Zuhörerkreis oder bei einer Unterhaltung unter vier Augen spricht, dann überzeugen uns schließlich der Klang der Worte und das schiere Gewicht des Redeflusses.

Man kann eine beachtliche Gefolgschaft gewinnen, wenn man die Botschaft einer ausreichend großen Anzahl von Leuten übermittelt und sich nicht durch die zahlreichen Menschen abschrecken läßt, die sie nicht annehmen. Stattdessen sollte man seine Idee wieder aufgreifen und der nächsten Zuhörerschaft präsentieren. Schließlich, wenn man die Menschen oft genug angesprochen hat, begeistern sich doch einige, schließen sich einer nach dem anderen an, und schon ist eine Bewegung entstanden. Reden mag wohlfeil sein, aber der richtige Gebrauch der Worte kann bei den Anhängern etwas bewirken, das man nicht kaufen kann: entflammte Herzen.

Die Fähigkeit, Kritik zu ertragen

Niemand erträgt Kritik leicht, aber es ist unbedingt notwendig, sich gründlich dagegen zu wappnen, wenn man andere motivieren möchte. Die breite Masse macht ganz gewiß negative Äußerungen über jedes lohnende Vorhaben, und eine gute Führungspersönlichkeit muß gegen solches kurzsichtige Denken gewappnet sein.

Ich bin nicht dafür, auf den Rat anderer mit Arroganz oder Widerwillen zu reagieren. Es besteht ein feiner Unterschied, ob man einerseits den Mut hat, zu seiner Überzeugung zu stehen, oder ob man, wie einige Zeitgenossen, die eine bestimmte Stellung erreicht haben, glaubt, man sei nun über jeden Tadel erhaben. Die griechischen Tragiker nannten das »Hybris«, und sie sucht die Menschen immer noch heim. Jeder, gleichgültig, wie hoch seine Position sein mag, ist einigen Leuten Rechenschaft schuldig, und der kluge Vorgesetzte wird immer einige Mitarbeiter haben, die ihm sagen, wann er sich lächerlich zu machen droht.

Kein Amerikaner zeigt den idealen Ausgleich besser als Abraham Lincoln. Die Presse der Oststaaten griff ihn in bösartiger Weise an, und als einfühlsamer und kluger Mann beachtete er seine Kritiker sehr wohl. Aber er wußte, daß seine Position geschwächt würde, wenn er es jedermann recht machen wollte. Es wird berichtet, daß er deshalb folgenden Hinweis anbrachte:

„Wenn ich alle Angriffe gegen mich lesen oder gar beantworten würde, dann müßte dieses Büro für jede andere Tätigkeit geschlossen werden. Ich tue alles, was in meiner Macht steht; und das werde ich tun, solange es mir möglich ist."

Die Macht der Begeisterung

Noch etwas kennzeichnet das Charisma, etwas, das verschiedentlich Intensität, Besessenheit oder Begeisterung genannt wird. Welche Bezeichnung man auch immer wählt, wir alle erkennen darin eine Befähigung, die jeder besitzt, der erfolgreich motivieren kann. Diese Führungspersönlichkeiten gehen voller Energie an ihr Vorhaben heran. Diese Eigenschaft wird von der Masse schnell erkannt und beachtet. Emerson sagte: „Jeder bedeutende und eindrucksvolle Vorgang in der Weltgeschichte ist ein Triumph der Begeisterung". Und der frühere Verkaufsdirektor von NCR drückte es so aus: „Genius ist Intensität. Der Verkäufer, der vor Begeisterung überfließt, ist, auch wenn er maßlos übertreibt, einem leidenschaftslosen Verkäufer überlegen. Ich würde eher einen Geysir besänftigen, als in einem Schlammloch rühren".

In allen Erfolgsbüchern wird darauf hingewiesen, daß Begeisterung ansteckend wirkt und daß man eine Gruppe von Menschen nicht mitreißen kann, wenn man nicht selbst begeistert ist. Dieser Ratschlag könnte etliche Vorgesetzte veranlassen, ständig ein fröhliches Verhalten an den Tag zu legen und jederzeit den Glücklichen zu spielen. Ein solches Verhalten wird aber schnell als unecht erkannt, und niemand folgt gern jemandem, dessen Glück oberflächlich und gekünstelt ist. Ich stelle auch fest, daß große Führungspersönlichkeiten zuweilen zornig werden und dann auch wieder niedergeschlagen und unglücklich sind.

Man muß also nicht Pollyanna[1] sein, um als Vorgesetzter Erfolg zu haben. Man muß aber unbedingt eine starke Bindung an seine Ziele und seine Gruppe haben. Man muß in der Lage sein, weiterzumachen, wenn andere mutlos werden, und die Uhr zu vergessen, bis die Arbeit beendet ist.

Selbsterneuerung des Motivierenden

In diesem Kapitel haben wir deutlich gemacht, daß Charisma mehr eine Haltung als eine Begabung ist. Daraus folgt, daß eine regelmäßige Selbsterneuerung für die motivierende Führungskraft wichtig ist. Wenn es stimmt, daß die Qualität der inneren Einstellung grundlegend für die Übernahme von Führungsaufgaben ist, dann kommt der Pflege der eigenen Motivation größte Bedeutung zu.

Wie motiviert sich der Motivierende selbst? Hier sind fünf Vorschläge:

1. Schließen Sie sich erfolgreichen, optimistischen Menschen an. Manchmal muß man sich von pessimistischen Menschen, die einen herabziehen, etwas fernhalten. Wenigstens sollte man darauf achten, daß man viel Zeit mit Menschen verbringt, die inspirieren,

---

1) Heldin des gleichnamigen Romans von Eleanor Porter, erschienen 1913

die das eigene Denken anregen und die Fähigkeit des Träumens ausweiten. „Wenn du entschlossen bist zum Erfolg," sagt Patricia Fripp, „dann ist es sehr wichtig, sich erfolgsorientierten Menschen anzuschließen."

2. Überprüfen Sie sorgfältig die Ideen, die Ihnen in den Sinn kommen, denn wie sagen doch die Computerfachleute: „Wer Mist eingibt, bekommt Mist raus!" Wenn Sie zu dem werden, was Sie sich sagen, und wenn Sie Ihren Geist dabei unaufhörlich mit Schund und Trivialitäten füttern, dann werden Sie kaum die gewünschte Überzeugungskraft gewinnen. Es könnte nötig sein, das Fernsehen auszuschalten, weniger Nachrichten anzusehen und stattdessen die großen Werke der Weltliteratur zu lesen. Die Schauspielerin Helen Hayes sagte einmal: „Wir stützen uns auf die großen Dichter, die Philosophen und die Dramatiker, damit sie die Gedanken klären, nach denen wir tastend suchen; sie geben uns die Kraft und den Trost, die wir in uns selbst nicht finden können. Immer wenn mir der Mut zu schwinden droht, flüchte ich mich zu ihnen. Sie geben mir die Weisheit, etwas zu bejahen, und den Willen und die Kraft, weiterzumachen".

3. Nutzen Sie die Fülle an Information, die heute über preiswerte Audio-Cassetten verfügbar ist. Das Wunderbare an diesen Bändern ist, daß wir beim Zuhören nicht nur Zugang zu den Gedanken großer Persönlichkeiten erhalten, sondern auch fast persönlich mit ihnen in Verbindung treten – indem wir ihren Stimmen lauschen, können wir ihre Persönlichkeit, ihre Kraft und ihre Begeisterung erfahren. Statt beim Autofahren oder während der Wartezeiten dem Unsinn aus dem Radio Gehör zu schenken, sollte man sich Bänder von anregenden und erfolgreichen Menschen anhören, deren Erzählungen unsere Stimmung heben. Nach einer Untersuchung der Universität von Südkalifornien kann man in drei Jahren, falls man in einer Großstadtgegend wohnt und im Jahr 12 000 Meilen fährt, so viel aufnehmen wie in zwei Jahren bei Vorlesungen am College.

4. Besuchen Sie Kurse und Seminare. Es lohnt sich, weite

Strecken zu reisen und ein paar hundert Mark auszugeben und Kurse von kompetenten Leuten zu besuchen, in denen man andere stark motivierte Menschen trifft.

5. Halten Sie Ihre Ziele und Denkschritte schriftlich fest. Solche Aufzeichnungen unterscheiden sich erheblich von einem Tagebuch. Man notiert nicht die äußeren Tagesereignisse, sondern beobachtet und beschreibt die eigene seelische Entwicklung. Wenn man das regelmäßig tut, dann entsteigen dem Unbewußten positive Träume und Zielvorstellungen. Freud äußerte sich über das Unbewußte ziemlich pessimistisch. Seiner Meinung nach legt die Psychotherapie dieses unbewußte Material frei und klärt es. Für ihn war das so, als öffne man den Deckel eines Müllbehälters, in dem vielerlei zweifelhaftes und scheußliches Material gärt. Carl G. Jung hingegen hatte eine positivere Auffassung vom Unbewußten. Ihm zufolge mögen wir einige Anomalien und dunkle Stellen vorfinden, wenn wir das Unbewußte freilegen, aber unser innerstes Selbst ist auch die Quelle aller großen Kunst und alles Schönen und Schöpferischen. Wenn das zutrifft, dann bleibt man mit Sicherheit hoch motiviert, wenn man die Verbindung zwischen dem Bewußtsein und dem Unbewußten offenhält.

Letztlich ist die Fähigkeit zu kreativer Führung eine innere geistige Qualität; sie erfordert Menschen, die − um Emersons treffliche Formulierung zu gebrauchen − ,,aus der Tiefe ihres Seins leben''. Und solche Geistigkeit fällt uns nicht plötzlich zu. Sie entfaltet sich allmählich durch beständiges Studium und regelmäßige Pflege.

14

Weshalb das Leben dann am meisten Freude macht, wenn man anderen hilft, sich weiterzuentwickeln

Unsere Praxis liegt im obersten Stockwerk eines Ärztehauses, und wenn ich in der Praxis zwischen zwei Patientenbesuchen am Fenster sitze, denke ich oft darüber nach, wie man den Menschen helfen kann − insbesondere auch denen, die in sozialen Berufen tätig sind. Viele, mit denen ich zu tun habe, sind selbst Ärzte, Lehrer und Sozialarbeiter, die sich durch ihre Aufgaben belastet und niedergedrückt fühlen. Es gibt so viele bedürftige Leute, sagen sie, die Probleme haben, und jedem, den man wieder zusammenflickt, stehen Dutzende gegenüber, denen man nicht helfen kann.

Wenn über dem Pazifik Stürme toben, streicht gelegentlich eine Seemöve, vom Wetter landeinwärts getrieben, an meinem Fenster vorbei und nutzt dabei anmutig die Luftströmungen. Meine Patienten sind auch vor Stürmen geflohen. Ihre Ideale sind zerbrochen, und nun zweifeln sie, ob sie einem anderen wirklich helfen können. So sagte ein Geistlicher traurig: „Als ich meinen Pfarrdienst antrat, dachte ich, ich könnte die Welt und alle Menschen retten. Aber das ist lange her. Heute bin ich viel pessimistischer, wenn jemand so etwas sagt, und meine Ziele sind sehr einfach: Ich will nur noch überleben."

Nach allgemeiner Ansicht leiden diese Leute daran, daß sie sich ausgebrannt fühlen. Sie haben ihren Glauben an den Menschen verloren; ihre anfängliche Hoffnung, anderen helfen und Leid lindern zu können, hat einem Pessimismus Platz gemacht.

Macht – Ausübung und Mißbrauch

Mit wachsendem Alter fällt es leider leicht, den Idealismus unserer frühen Jahre aufzugeben. Wir ziehen uns mehr und mehr in eine gesicherte Welt zurück und verstehen es, nachdem wir gelernt haben, Macht zu unserem Vorteil auszuüben, unsere Mitmenschen geschickt zu manipulieren. Eine ganze Bibliothek steht uns zur Ausübung dieser manipulativen Macht hilfreich zur Seite. Bücher wie »Siegen durch Einschüchterung«, »Wie man die Oberhand behält« und »Wie man seinen Willen durchsetzt« sind in diesen Jahrzehnten der Ich – Philosophie millionenfach verkauft worden, und es ist durchaus möglich, daß man die Mitmenschen zunehmend als bloße Gebrauchsgegenstände betrachtet – als Roboter, deren Wert man in Geld, Macht oder beides umsetzen kann.

Aber jetzt gibt es ein bemerkenswertes Buch von Robert K. Greenleaf, dem pensionierten Direktor für Management-Forschung bei der Firma America Telephone and Telegraph. Greenleafs Untersuchung zeigt, daß Menschen, die andere aus egoistischem Interesse rücksichtslos manipulieren, auf lange Sicht niemals erfolgreich sind. Der Titel von Greenleafs Buch spricht für sich: »Dienende Führerschaft: Ein Zugang zum Wesen legitimer Macht und Größe«. Greenleaf argumentiert, daß „es abnormal und verderblich ist, einsam an der Spitze einer Pyramide zu stehen . . . Wenn jemand an die Spitze einer Pyramide gelangt, hat er keine Kollegen mehr, nur noch Untergebene".

Greenleaf verschwendet nicht viel Zeit damit, eine Alternative zur Pyramide anzubieten. Stattdessen beschäftigt er sich mit der Einstellung von Führungspersönlichkeiten und plädiert eindringlich dafür, daß der Mächtige eine dienende Haltung einnehmen sollte. Die besten Geschäftsleute haben um die Bedeutung dieses Konzepts schon immer gewußt. Als A. W. Clausen Chef der Bank of America war, scherzte er, daß 60% seiner Zeit der Planung und 60% den Menschen gewidmet waren. Die anderen Pflichten und Aufgaben müßten sich mit dem begnügen, was übrig blieb. Im Zeitalter des hochtechnisierten Fortschritts vergißt man leicht, daß Versagen oder Erfolg zum

158

großen Teil von unserer Fähigkeit abhängen, mit anderen zusammenzuarbeiten und ihnen zu bestmöglicher Leistung zu verhelfen. Als Zoltan Merszei Dow Chemicals verließ, um Präsident von Occidental Petroleum zu werden, stellte er einen früheren Dow-Mitarbeiter als Personalchef ein und machte dabei eine aufschlußreiche Aussage über seine eigenen Prioritäten: „Ron teilt meine Auffassung, daß Menschen das Geschäft machen. Technologie kommt erst, weit abgeschlagen, an zweiter Stelle".

Nichts ist lohnender, als andere zu fördern, nichts beglückender, als anderen Leuten zu zeigen, wie man vorwärtskommt, und nichts ist reizvoller, als eine Gruppe von Mitarbeitern zu formen, die sich gegenseitig mitreißen.

Als ich kürzlich auf einem medizinischen Kongreß in Monterey, Kalifornien, eine Rede halten sollte, traf ich zu Beginn Dr. Arthur Tayengco, der auf den Philippinen geboren ist und in einer durchschnittlichen Familie der Mittelschicht aufwuchs. Es wäre eigentlich normal gewesen, hätte Arthur einen durchschnitt-lichen Lebensweg eingeschlagen, aber da gab es an der Grundschule, die er besuchte, einen Geistlichen der Redemptioni-sten[2], Vater Jan Madigan – ein Ire mit einem herzlichen Lachen und einem Leuchten in seinen Augen –, der sich für den kleinen Jungen interessierte. „Ich weiß nicht, wo ich heute wäre, wenn Vater Madigan nicht auf mich aufmerksam geworden wäre und mit mir über meine Zukunft gesprochen hätte," sagt Dr. Tayengco. Vor zwei Jahren unternahm dann Dr. Tayengco eine wichtige Pilgerreise. Zu dieser Zeit hatte sich der alte Geistliche in seiner Heimat zur Ruhe gesetzt; deshalb reisten der inzwischen berühmt gewordene Arzt und seine Frau dorthin, um den grübelnden alten Mann zu besuchen. „Ich mußte ihm einfach sagen, wieviel ich ihm verdanke," sagt Dr. Tayengco. „Man kann den Einfluß eines solchen Lehrers gar nicht hoch genug einschätzen."

Die Leistungsfähigkeit des Menschen

Der alte irische Priester war ein unbeirrbarer Anhänger Christi, er verstand sich nicht nur als Dienender, er handelte auch

159

entsprechend. Wenn er mit dem Jungen sprach, offenbarte er eine weitere christliche Tugend, die wir in diesem Buch hin und wieder diskutiert haben: Er besaß einen ungebrochenen Optimismus hinsichtlich der Zukunft des Menschen. Betrüblich an dem in den sozialen Berufen so weit verbreiteten Pessimismus ist, daß der Mensch in einem zynischen und trostlosen Licht gesehen wird. Wenn man mit den Bekümmerten und Bedürftigen zu tun hat, glaubt man allzu leicht, daß die Menschen aus ihrem Elend nicht herauswollen, daß sie mit der Rolle des Schmarotzers zufrieden sind.

Solch eine mißtrauische, argwöhnische Haltung ist schlicht unnötig. Ein Hotelmanager wurde einmal gefragt, wie viele seiner Gäste Zechpreller seien. ,,Oh, ein Viertel Prozent," sagt er. Wenn es 10% wären, dann wäre die Gesellschaft in großen Schwierigkeiten. Man könnte keine Rechnungen ausstellen, keine Ratenkäufe tätigen, ja nicht einmal einen einfachen Scheck ausstellen oder annehmen. Bei 25% würde die Gesellschaft auseinanderbrechen. Tatsache ist, wir können den meisten Menschen vertrauen.

Es gibt sicherlich Tragödien, Leid und Unmenschlichkeit, und die Betrachtung der Welt wäre ungenau, wenn man nicht das, was Melville die ,,dunkle Seite der Dinge" nannte, in Betracht ziehen würde. Jemand hat gesagt, daß man beim Anblick eines Behinderten fragen kann: ,,Wie konnte Gott Blindheit und Taubheit zulassen?" Oder man kann auf Helen Keller sehen, auf ihren großen Geist, ihre große Liebe, ihr großes Werk. Als sie den Doktortitel der juristischen Fakultät der Universität Glasgow erhielt, dankte sie mit den Worten: ,,Dies ist ein Zeichen dafür, daß Stille und Dunkelheit nicht zwangsläufig den Fortschritt des unsterblichen menschlichen Geistes verhindern."

---

2) Katholische Priesterkongregation, 1732 gegründet, befaßt sich vor allem mit der Volksmission.

Die Großartigkeit des Dienens

Wenn es zutrifft, daß Menschen wachsen, ihre Fähigkeit erweitern, höher springen, ausdauernder laufen und großartigere Musik komponieren, dann bedeutet das, daß Führerschaft sich letztlich als eine dienende begreifen muß, denn wir gewinnen Gefolgsleute, die uns übertreffen werden. Läufer werden Trainer und trainieren andere Athleten, die ihre Rekorde brechen. Leitende Angestellte stellen Untergebene ein und motivieren sie so gut, daß sie zu ihren Vorgesetzten werden können.

Es ist nicht einfach, sich an dieses Bild von der Entwicklung einer Führungspersönlichkeit zu gewöhnen, und wenn manche Menschen an die Spitze gelangt sind, ziehen sie die Leiter hoch. Sie können den Ehrgeiz junger Menschen nicht ertragen und sehen in jedem Untergebenen den möglichen Rivalen. Solche leitenden Angestellten klammern sich bis zum letztmöglichen Augenblick zäh an das Unternehmen und konzentrieren sich eher darauf, Rivalen abzuwehren, als Nachfolger heranzubilden. Ein solcher Führungsstil ist töricht, weil wir immer einer Generation angehören, die abtreten muß.

Bei meiner Arbeit treffe ich oft auf Eltern, die mit ihren Kindern wetteifern und sie bekämpfen, wenn sie versuchen, ihre Unabhängigkeit zu behaupten. Aber wenn ein Sohn seinem Vater zu zeigen versucht, daß er stärker ist, so ist das nicht nur ein gesunder Wettstreit – dahinter verbirgt sich der Wunsch, dem Vater zu gefallen und ihm etwas zurückzugeben für die Jahre der Behütung und Unterweisung. Ich denke in Liebe an die Jahre zurück, als ich begann, Säcke mit Saatkorn genauso leicht wie Vater hochzuheben, und wie er sich durchaus nicht unterlegen vorkam, als ich anfing, Gegenstände zu schleppen, die für ihn zu schwer waren. Statt sich dem Wettkampf zu widersetzen, war er offensichtlich stolz auf mich, und mit einem breiten Lächeln pflegte er Mutter am Mittagstisch zu erzählen, wie stark ihr Sohn schon geworden war. Ich erinnere mich nur zu gern an diese Ereignisse, weil es ein Beispiel für wahre Führung ist, die den Untergebenen voll vertraut, die nach unten reicht und die Untergebenen zu sich hinaufzieht und sie dann sogar noch höher zu bringen versucht.

Es ist interessant zu sehen, wie tief verwurzelt diese Generationsbindung ist, wenn man sie bei seinen eigenen Nachkommen beobachtet. Eines Tages im letzten Sommer rief meine Tochter vom Kinderkrankenhaus in Los Angeles an. Sie war mit ihrem 21 Monate alten Sohn Christopher den ganzen Nachmittag zu Tests in der Notaufnahme gewesen. Sie schluchzte: „Sie behalten ihn hier, sie glauben, daß er Hirnhautentzündung hat".

Wir rasten zum Krankenhaus, suchten sie in allen Stockwerken. Als wir sie schließlich am Ende eines langen Korridors entdeckten, bot sich mir eine Szene, die ich mein ganzes Leben lang nicht vergessen werde. Sharon hielt in ihren Armen den bewußtlosen Christopher, seine Arme und Beine baumelten herab wie schlaffe Weidenzweige nach einem Sturm. Seine Finger und Zehen waren noch blau. Seine Großmutter ging an der einen Seite und hielt die Tropfflasche hoch, so daß er auch beim Gehen das lebenswichtige Medikament erhielt, und an der anderen Seite ging eine Schwester, die das Krankenblatt trug. In dem Augenblick, als ich die kleine Gruppe auf uns zu eilen sah, fühlte ich, wie elementare Liebe, Furcht, Vertrautheit und der Impuls des Beschützens mich gleichzeitig bewegten. Am tiefsten beeindruckte mich aber die Erkenntnis, daß nach all den Jahren, in denen wir als Eltern die Verantwortung trugen, meine Tochter nun selbst Elternteil war. Sie traf nun die Entscheidungen und sorgte für ihren Kleinen, und ich war in erster Linie nur noch Beobachter.

Diese Wochen der Genesung, in denen ich miterlebte, mit welcher Hingabe sich meine Tochter rund um die Uhr im Krankenhaus ihrem Christopher widmete, hinterließen in mir ein Gefühl der Ehrfurcht vor ihrem mütterlichen Instinkt, der sich einmal sanft und hilfsbereit dem Baby gegenüber äußerte – und dann wieder grimmig und beschützend wie bei einer Bärenmutter. Hier stand nun Sharon – die noch vor gar nicht langer Zeit selbst ein winziges, krausköpfiges, kleines Kind war, und deren Erwachsenenleben zuweilen ziellos und unstet verlaufen war – mit jeder Faser ihres Herzens und wild entschlossen wollte sie nur eins – daß ihr Sohn weiterleben konnte, daß er die bestmögliche medizinische Behandlung erhielt und daß er in jenen Wochen niemals aufwachen und erschrecken sollte, weil seine Mutter nach Hause gegangen war. Hier stand nun mein kleines Mädchen, so überzeugt, daß ihr Sohn leben würde, daß sie ihn fast buchstäblich dem Tode entriß während jener ersten kritischen Tage.

Als ich diese Szenen beobachtete, vermittelten sie mir eine lehrreiche Metapher für einen grundlegenden Wesenszug jeder Führung: Wir führen dann am besten, wenn wir das Wohl der von uns Geführten im Auge haben, wenn wir danach trachten, eher zu dienen, als uns bedienen zu lassen. Die Hingabe eines Elternteils an ein Kind – diese Kombination von Schutz und Aus-dem Nest-werfen – ist das A und O jeder Führung, und das beste Beispiel dafür, wie man motiviert, ohne zu manipulieren.

Es ist nicht immer einfach für den engagierten Elternteil, den idealistischen Lehrer, den hochmotivierten Manager, gegenüber denen, die sie leiten, tolerant zu sein. Die Menschen, die mit uns zusammenleben oder mit uns im Büro zusammenarbeiten, sind manchmal nicht so ehrgeizig, so selbstsicher, so talentiert wie wir. Sie sind wie wir eine Mischung aus Gut und Böse. Aber wenn wir an sie herankommen und das Beste von ihnen erwarten – wenn wir sie wie Vince Lombardi herausfordern können, 10% mehr zu leisten –, dann werden sie sich für uns mehr einsetzen als für sonst jemanden auf der Welt, und sie werden Erstaunliches vollbringen. Diese zusätzlichen 10% machen vielleicht gerade den entscheidenden Unterschied aus.

Zwei Bestseller
aus unserem Programm

Das etwas andere Buch für Ihren persönlichen und beruflichen Erfolg

Persönlicher und beruflicher Erfolg hängen sehr stark davon ab, wie gut man seine eigenen Fähigkeiten und Talente entfalten kann. Mangelndes Selbstvertrauen, soziale Ängste und Unsicherheiten, die Angst zu versagen und andere Probleme machen es schwer oder unmöglich, im Beruf seinen Mann zu stehen und vorwärtszukommen.

‹Gefühle verstehen, Probleme bewältigen› zeigt Ihnen, wie Sie mit diesen Problemen fertig werden können. Dieser erfolgreiche Ratgeber wurde von erfahrenen Psychotherapeuten geschrieben. Er beruht auf der Kognitiven Therapie, wonach unser Fühlen und Handeln durch unsere Einstellungen gesteuert werden. Sie erfahren, wie Sie durch ein Umdenken persönliche Schwierigkeiten in den Griff bekommen können. Sie lernen aber auch, andere und deren Verhalten zu verstehen, und sind so in der Lage, auf diese besser einzugehen.

Gefühle verstehen,
Probleme bewältigen
ISBN 3-923614-18-7
6. Auflage
DM 19,80

Das Leben voll ausschöpfen

Dieses Buch hat der Chef einer namhaften Computer-
firma in Deutschland an seine über 300 Mitarbeiter ko-
stenlos verteilt. Was mag ihn wohl dazu bewogen haben? Waren es die positiven und lebensbejahenden
Denkanstöße oder eher die vielen praktischen Tips, wie
man mehr aus seinem Leben machen kann? Er wußte
wohl, daß positive Menschen eine positive Atmosphäre
schaffen, in der jeder gewinnt. In diesem Buch gibt der
Psychologe Rolf Merkle Antwort auf die Fragen: Was
unterscheidet Menschen, die ein zufriedenes Leben
führen, von denen, deren Leben leer und unausgefüllt
ist? Was unterscheidet die Glückspilze von den Pechvö-
geln? Rolf Merkle fand heraus, daß Menschen, die sich
als zufrieden beschreiben, eine besondere Art zu leben
haben. Wie wir uns diese besondere Lebensart zufriedener Menschen aneignen können, davon handelt dieses einzigartige Buch.

Auch Du kannst mehr aus
Deinem Leben machen
ISBN 3-923614-16-0
2. Auflage
DM 16,80

Wenn Sie sich für unsere anderen praktischen Ratgeber
interessieren, dann schicken wir Ihnen gerne unseren
Prospekt.
PAL Verlagsgesellschaft;
Am Oberen Luisenpark 33; 6800 Mannheim 1